Uttamapuruṣa:
reflexões sobre o processo da meditação

Uttamapuruṣa:
reflexões sobre o processo da meditação

Carlos Eduardo Gonzales Barbosa

Uttamapuruṣa:
reflexões sobre o processo da meditação

Carlos Eduardo Gonzales Barbosa

1ª Edição: agosto de 2020

Dados Internacionais de Catalogação na Publicação (CIP)
(Câmara Brasileira do Livro, SP, Brasil)

Barbosa, Carlos Eduardo Gonzales
   Uttamapuruṣa : reflexões sobre o processo da
meditação / Carlos Eduardo Gonzales Barbosa. --
1. ed. -- Florianópolis : Yogaforum.org, 2020.

   ISBN 978-65-991900-0-1

   1. Espiritualidade 2. Filosofia 3. Hinduísmo
4. Hinduísmo - Doutrinas 5. Meditação 6. Meditação
(Hinduísmo) 7. Reflexões 8. Uttamapuruṣa I. Título.

20-41672   CDD-181.452

Índices para catálogo sistemático:

1. Uttamapuruṣa : Sistema filosófico de
      meditação : Filosofia indiana   181.452

Maria Alice Ferreira - Bibliotecária - CRB-8/7964

Sumário

Prefácio do Autor

Este é o primeiro ensaio em que escrevo exclusivamente sobre o processo da meditação. Seus vinte capítulos foram organizados a partir de reflexões que, originalmente, eram independentes entre si. Quando comecei a escrever, ainda um tanto cético quanto ao valor das informações que tinha em mãos, percebi que se destacava um enlace de coerência bastante consistente entre elas. A linha de nexo ganhou corpo na forma da palavra 'puruṣa' com sua notável semântica pendular, que alterna entre o mítico 'Homem Cósmico' dos Vedas, a pessoa verbal da gramática e o si-mesmo que habita no coração de todas as criaturas. A busca pela conexão interna da mente com o Puruṣa é o fio condutor desta nossa jornada pelo universo da meditação.

Apesar dos ricos paralelos que se pode traçar entre as visões da meditação nas variadas Culturas da Ásia, me restringi a examinar apenas as fontes hindus. Esta obra fundamenta-se apenas na Cultura Hindu em língua sânscrita ou védica. Ainda assim, de tão rica que é essa fonte, foi necessário reler milhares de versos em Sânscrito para selecionar os trechos mais esclarecedores que seriam citados aqui.

Devo advertir o leitor que não faço referência a traduções do Sânscrito, por mais prestigiadas que sejam, porque prefiro traduzir diretamente os originais. Isto significa que a tradução que você encontra aqui pode ter pequenas diferenças em relação a outras traduções, algumas das quais gozam de grande prestígio entre os estudiosos. Seja como for, prefiro um entendimento contextualizado daquilo que o texto parece querer dizer, sem me importar com opiniões discordantes. Um exemplo disso é a expressão 'Puruṣārthās', usada frequentemente para fazer referência às quatro metas da vida humana (dharma, artha, kāma e mokṣa), mas que às vezes precisa ser traduzida por algo como 'significações do Puruṣa' ou 'interesses do si-mesmo', para fazer sentido na frase.

Estou ciente, também, de que há diferenças marcantes entre as diversas doutrinas às quais recorri para costurar a tese que apresento aqui. Mas o processo da meditação é um campo de conhecimentos capaz de conciliar com relativa facilidade essas diferenças que parecem dividir o Sanātana Dharma em teses doutrinárias discordantes entre si. Yoga, Sāṁkhya, Vedānta, épicos, purāṇas e upaniṣadas são algumas dentre muitas crias de um mesmo rebanho cultural e têm muito a oferecer, umas às outras, e muito a ganhar com as trocas de 'insights', cada uma delas.

Para o conforto do leitor, optei por usar a transliteração dos termos sânscritos pelo padrão IAST (International Alphabet of Sanskrit Transliteration), que vem sendo utilizado por mais de um século como padrão acadêmico para representar o alfabeto Devanāgarī.

A intenção desta obra é colocar nas mãos do leitor o entendimento hindu acerca de como funciona o processo da meditação, tal como é explicado em textos grande antiguidade. Para manter o foco no processo, foram removidas as referências às técnicas que se servem desse processo. Para saber mais sobre as inúmeras técnicas de meditação, é recomendável que o leitor consulte obras especializadas nessas técnicas. Estudando o processo, se torna possível obter resultados muito melhores com qualquer uma das técnicas que se opte por utilizar.

Espero que as reflexões que compõem este livro ajudem o leitor a extrair o melhor proveito das referências que selecionamos, produzidas por pessoas muito sábias, de séculos passados.

Carlos Eduardo Gonzales Barbosa
Florianópolis, SC – Brasil
5 de agosto de 2020

1. Introdução

Quem busca a meditação, geralmente o faz com a esperança de encontrar uma ferramenta ou fórmula que, uma vez colocada em prática, opere transformações sensíveis, para melhor, na sua saúde física e mental. É preciso concordar que se trata de uma esperança que tem bons fundamentos. Em seu favor falam milhares de relatórios de pesquisas, testemunhando com rigor científico variados benefícios trazidos pela prática da meditação.

Nessas pesquisas são descritos, às vezes, alguns traços característicos da imagem mais popular da meditação, tais como assentar-se em uma posição confortável, relaxar o corpo, deixar a mente calma, colocar o foco em um objeto bem definido (na respiração, por exemplo) ou esvaziar os pensamentos. Isso sugere naturalmente que essas pesquisas são uma comprovação robusta de que a meditação funciona, de fato.

Essa linha de entendimento conduz à conclusão natural de que existe uma técnica de meditação aplicável de modo científico, impessoal, uma meditação 'aprovada' pela Ciência. Supostamente, essa técnica, ainda que derivada de práticas religiosas do Oriente, poderia oferecer resultados estatisticamente previsíveis de conformidade com alguma teoria científica. Seu bom resultado seria obtido com relativa independência de possíveis condições subjetivas adversas presentes no praticante. A meditação traria em si mesma os recursos para reduzir ou eliminar essas condições adversas. A aceitação crescente da sua cientificidade é razão pela qual a meditação tem sido recomendada por médicos e psicólogos como uma terapia complementar em seus campos de atuação.

A boa imagem da meditação se deve, em grande parte, à sua visibilidade mensurável. Há décadas têm sido feitas experimentações científicas que usam aparatos de medição para avaliar o desempenho neurológico e as alterações no metabolismo ou no tônus muscular de meditadores. Podemos traçar a história desses experimentos a partir de 1924, na Índia, com o início dos trabalhos do Centro Kaivalyadhāma de Pesquisas de Saúde e Yoga, criado por Swāmi Kuvalayānanda para promover estudos científicos sobre o Yoga. Em tempos mais recentes, ganharam destaque os estudos promovidos pelo Dr. Richard Davidson, da Universidade Wisconsin-Madison, com a participação de meditadores do Budismo Tibetano, escolhidos entre os melhores pelo próprio Dalai Lama. Com essas pesquisas ganhou argumentos e força a tese da neuroplasticidade, que tem mudado a visão científica sobre a dinâmica dos tecidos nervosos do ser humano.

Pesquisas como essas só foram possíveis porque a prática da meditação envolve processos internos do organismo humano que podem ser objetivamente estudados. E esses processos podem ser relatados respeitando-se o indispensável princípio científico da impessoalidade na redação. A impessoalidade leva o pesquisador a descrever os experimentos e seus resultados fazendo uso, por padrão, da linguagem de terceira pessoa. O formato impessoal é uma necessidade que surge em razão da metodologia da Ciência. Sua correta utilização aumenta a respeitabilidade de uma tese, fortalecendo seu caráter científico. E o caráter científico, por si só, dá credibilidade a pesquisas em qualquer campo de conhecimento, e pode impulsionar financeiramente uma carreira acadêmica. A meditação tem sido estudada cientificamente por pesquisadores das mais variadas especializações, em todas as regiões do mundo. E ainda está muito longe de se esgotar o campo de conhecimento que se abre para quem se dedica à pesquisa da meditação.

Mas os limites metodológicos dificultam o acesso da Ciência a determinados aspectos menos objetivos da experiência da meditação. A impessoalidade da Ciência obriga o pesquisador a construir um formato paradoxal do conhecimento, que por um lado tem origem na irracional curiosidade humana, e por outro lado rejeita sua conexão inegável com a pessoalidade e subjetividade do ser humano. O conhecimento científico busca um formato "desumanizado", ou seja, não reconhece sua dependência em relação à subjetividade das pessoas humanas que o criaram.

Se não lhe for dado um limite, a impessoalidade fecha as portas para a investigação científica em certas áreas do conhecimento que somente podem ser alcançadas pelo caminho da pessoalidade. Informações de caráter subjetivo podem ser de grande utilidade para elucidar questões como a natureza da consciência, para as quais os pesquisadores encontram grande dificuldade de acesso e descrição teórica. O filósofo australiano David Chalmers, ao avaliar as condições necessárias para o progresso de uma Ciência da Consciência, diz o seguinte:

"A tarefa de uma ciência da consciência, como eu entendo, é integrar sistematicamente duas importantes classes de dados em uma estrutura científica: dados de terceira pessoa, ou dados sobre comportamento e processos cerebrais; e dados de primeira pessoa, ou dados sobre a experiência subjetiva. Quando um sistema consciente é observado do ponto de vista de terceira pessoa, uma variedade de fenômenos comportamentais e neurais específicos se apresenta. Quando um sistema consciente é observado do ponto de vista de primeira pessoa, uma variedade de fenômenos subjetivos específicos se apresenta. Ambos os tipos de fenômenos têm o status de dados para uma ciência da consciência." [1]

A afirmação de Chalmers é válida e precisa, no caso da elaboração de uma ciência da meditação, porque a pesquisa nessa área precisa lidar com questões como a consciência, a natureza da mente e o livre arbítrio, para citar apenas alguns exemplos. São temas que demandam, para sua elucidação, uma investigação que ouse avançar sobre os aspectos subjetivos da vida humana. A impessoalidade da pesquisa científica obriga mais do que apenas sua redação a se fixar no ponto de vista de terceira pessoa. Toda a lógica da pesquisa se acanha com o constrangimento da terceira pessoa. Isso limita de forma significativa a apreensão e inclusão de dados cuja obtenção dependa, em qualquer medida, de recurso à subjetividade de primeira pessoa. Isso, no caso da meditação, restringe o campo de estudos aos aspectos mensuráveis de seus efeitos sobre a saúde, limitando-se a uma área que, na verdade, é a menos importante para o meditador – de acordo com as fontes literárias de milênios passados, que descrevem a meditação original.

Outro aspecto da impessoalidade a ser considerado diz respeito à compreensível necessidade de descaracterizar quaisquer traços distintivos que caracterizem as pessoas do pesquisador e do sujeito pesquisado. Para o bem da pesquisa, ambos precisam ser "impessoalizados", ou seja, o estudo precisa estar concentrado nos aspectos universais dos envolvidos. Quaisquer que sejam as crenças pessoais do pesquisador ou do sujeito da pesquisa, elas serão ignoradas, a menos que sejam parte integrante do escopo

---

[1] Chalmers, David J.. The Character of Consciousness (Philosophy of Mind) (p. 37). Oxford University Press. Edição do Kindle.

da pesquisa. A impessoalidade na construção da Ciência acaba por interferir negativamente na relação profissional de terapeutas (médicos, psicólogos, fisioterapeutas e outros) com seus pacientes.

Ao longo da década de 1950, um psicoterapeuta norte-americano chamado Carl Rogers se deu conta do quão perniciosa pode se tornar a impessoalidade no curso da vida e nos relacionamentos humanos. Sua avaliação, tanto do ponto de vista do terapeuta quanto do paciente, foi a de que o esforço por ser impessoal traz o risco de tornar o indivíduo cada vez mais falso e menos capaz. Rogers, em sua obra mais conhecida, "Tornar-se Pessoa", apresenta algumas reflexões sobre essa questão. Ele diz:

"Em meus relacionamentos com pessoas eu descobri que de nada ajuda, no longo termo, agir como se eu fosse algo que eu não sou." [2] (...) *"o paradoxo curioso é que quando eu aceito a mim mesmo tal como sou, então eu mudo. (...) não podemos mudar, não podemos nos afastar daquilo que somos, até que aceitemos inteiramente o que somos. Então a mudança parece vir quase despercebida."* [3]

Rogers se refere a uma mudança de estado mental, ou seja, uma mudança subjetiva que se viabiliza a partir da percepção e da aceitação consciente de sua própria pessoalidade. Para o terapeuta, o desafio é compreender quem é a pessoa com quem ele está interagindo, para que a ajuda se torne viável. Diz Rogers:

"Eu descobri ser de enorme valor quando eu posso permitir a mim mesmo entender outra pessoa. (...) Talvez ainda mais importante é o fato de que o meu entendimento desses indivíduos permite a eles mudar." [4]

Carl Rogers se tornou uma voz que repercutiu no ambiente da Contracultura dos anos 1960 e sinalizou a importância de 'tornar-se pessoa' para obter resultados melhores na aplicação prática de teorias rigorosamente científicas.

A Psicologia, como algumas outras áreas de estudos que hoje produzem Ciência, tem suas raízes fortemente ligadas à Filosofia, cuja importância não pode ser minimizada. A meditação é também um campo do

---

[2] Rogers, Carl R.. On Becoming a Person (p. 16). Little, Brown Book Group. Edição do Kindle.

[3] Idem, p.17.

[4] Idem, p.18-19.

conhecimento que tem uma face científica e uma face filosófica, se não outras mais. Sua prática deriva inteiramente de sua filosofia, e está carregada de subjetividade. Em algumas de suas vertentes, a meditação se confunde com práticas religiosas ou místicas. Apenas uma pequena parcela de suas práticas envolve as atividades corporais. Uma fração de seus efeitos resulta em alterações mensuráveis na fisiologia do praticante, produzindo um número de informações objetivas, aquelas que podem ser observadas com as ferramentas de pesquisa da Ciência.

A volumosa produção científica na área da meditação é demonstração clara da importância que esse tema ganhou, globalmente. Temos grande admiração e respeito pelo esforço aplicado por cada um desses pesquisadores na busca por uma compreensão mais ampla do impacto da meditação na saúde dos praticantes. Certamente sabemos mais e mais sobre isso, a cada dia que passa, pois o número de novas pesquisas científicas sobre esse tema só vem aumentando.

Há também outra grande contribuição ao debate sobre a meditação que pode ser dada pelo campo da Filosofia, particularmente pela filosofia da mente. Nossa viagem pelo processo da meditação será feita por esse caminho da filosofia, mas pelo ponto de vista de uma filosofia mais antiga, por certo. Mais precisamente vamos caminhar pela filosofia do Sāṁkhya e do Yoga, pelas Upaniṣadas e pelo Tantra, que estão entre as principais fontes de informação sobre a origem e a natureza do processo da meditação. Todas essas fontes literárias que vamos consultar estão compostas em dialetos Védicos ou em Sânscrito, línguas faladas na Antiguidade da Índia. As obras literárias, sobre as quais nos debruçaremos, ao longo de nossas reflexões, já são conhecidas por estudantes e praticantes do Yoga e do Vedānta, embora, talvez, com um entendimento ligeiramente diferente daquele que apresentamos neste livro.

Deixaremos, então, a produção de uma promissora ciência da meditação para os cientistas, e faremos o nosso foco em uma espécie de arqueologia do processo da meditação. Procuraremos enxergar esse processo no seu formato original, tal como foi apresentado pelos seus mais antigos propositores conhecidos – os poetas da cultura védico-sânscrita.

Você talvez se encante com o quanto de modernidade se pode extrair dessas obras ancestrais da Índia...

2. O Que é 'Meditação'?

Às vezes se estuda um assunto por um longo tempo sem chegar a conhecer de fato o que ele tem de importante para nos ensinar. Não porque tenha faltado a atenção ou o cuidado na busca de boas fontes de informação, mas porque a mente, em algum ponto de suas atividades, se deixou capturar por uma significação imprópria. Contaminada pelo apego a essa peça de informação equivocada, a mente fica prejudicada em seu discernimento. É muito difícil aprender mais sobre um assunto que se acredita conhecer o bastante, ou seja, para o qual a mente perdeu sua mais importante característica: a liberdade.

Para devolver à mente sua liberdade perdida, o melhor que se pode fazer é uma reflexão descomprometida sobre aquilo que se deseja conhecer com maior profundidade. É recomendável que o primeiro passo nessa reflexão seja o mais básico de todos: elucidar a palavra que designa o assunto. Embora à primeira vista isso possa parecer desnecessário, é possível se surpreender com as informações que podem ser obtidas com o simples folhear de um dicionário, à procura dos significados e etimologia das palavras supostamente já conhecidas. Daí a pergunta feita no título deste capítulo: o que é 'meditação'?

'Meditação' é um ato, a ação de meditar. O verbo 'meditar' tem origem no Latim 'meditor', que significa exercitar-se, preparar-se, estudar ou fazer. Por sua vez, o verbo 'meditor' deriva do verbo mais antigo 'medeor', que significa tratar, cuidar, medicar, curar ou tomar medidas. A palavra 'meditação' em Latim é 'meditatio', que significa preparação, exercício, prática, estudo ou trabalho. O equivalente grego de 'meditatio' é 'meléte' (μελέτη), que tem os mesmos significados. A meditação era entendida, na Antiguidade, como um exercício, uma prática ou uma preparação, ou seja, uma ação disciplinada produzida com o corpo ou com a mente. De acordo com esse significado original, mais antigo, tanto o estudante dedicado a uma pesquisa quanto o atleta dedicado a uma prática de musculação são igualmente meditadores. Com o correr dos séculos, no entanto, a palavra 'meditação' evoluiu para designar uma ação de contemplar com a mente. Esse é o sentido que se dá hoje à meditação: uma ação essencialmente subjetiva, feita com a mente, mas ainda assim uma prática, um exercício.

A literatura antiga em Sânscrito, em suas linhas gerais, segue esse mesmo padrão do Latim e do Grego. Os dois sustentáculos da meditação, de acordo com a doutrina do Yoga são o exercício continuado (*abhyāsa*) e o desapego (*vairāgyam*). Parece que havia um consenso, na Antiguidade da Europa e da Ásia, sobre a natureza prática da meditação. Meditar é exercitar-se, é praticar, é fazer alguma coisa de maneira disciplinada. Meditar, de acordo com a Cultura Sânscrita, é colocar em funcionamento um processo interno da mente que ajuda o praticante a adotar e manter uma atitude especial em relação a si mesmo – uma atitude libertadora.

No território do subcontinente indiano nasceram variadas técnicas que conduzem à meditação, mas o processo interno que todas elas mobilizam é apenas um, e o mesmo. A meditação propriamente dita é aquele processo subjetivo que busca libertar o 'eu' da opressão do 'outro'. Um processo que remove o eu da condição de passividade e o põe na posição de comando sobre sua própria vida. Esse processo envolve ações que são realizadas, em grande parte, nos domínios da mente, e que se destinam a fortalecer a presença do 'eu' em sua vida. Pode-se resumir isso dizendo que a meditação é o exercício continuado da natureza pessoal e única do meditador. Ou, dito de forma mais simples, a meditação é o processo por meio do qual o praticante pode descobrir o que há de melhor em si mesmo (sua natureza autêntica) e colocar isso em prática.

O processo da meditação que se disseminou pelo Sul da Ásia é universalmente aplicável. Ele se faz pelo uso de recursos naturais presentes dentro de todo ser humano. É preciso, no entanto, encontrar esses recursos e colocá-los em ação para que se possa desfrutar de seus benefícios. Localizar tais recursos subjetivos e exercitar sua funcionalidade são as tarefas primárias do processo da meditação. Convém agora explorar os termos sânscritos para 'meditação', para deles extrair uma compreensão melhor do que significava meditar, na Índia antiga.

Entre os substantivos védicos mais antigos para dizer 'meditação' estão '*dhī*' e '*dhyā*', que expressam uma atenção intensa ou um pensar solene.

Ambos têm mais de quatro mil anos e derivam sua significação do verbo '*dhā*' (ou '*dhi*', que é sua forma fraca), que significa 'colocar', e que foi muito usado para construir expressões subjetivas, tais como 'colocar a atenção' ou 'colocar sua opinião'. Dessas palavras védicas derivou o verbo sânscrito '*dhyai*' com o significado de pensar, imaginar, contemplar, trazer à reflexão, ou seja, meditar. As ações expressas por esse verbo são localizadas pelo Dharma Hindu na mente ou no coração. Da raiz verbal '*dhyai*' surgiu a palavra mais utilizada, até hoje, para expressar 'meditação' em Sânscrito: '*dhyānam*'. Acrescido do prefixo '*ni*', que significa 'para dentro', o verbo '*dhyai*' produz '*nidhyapti*' e '*nididhyāsanam*', ambos nomes para uma meditação mais profunda e repetitiva.

Paralelamente à evolução da palavra '*dhyānam*', o verbo védico '*dhā*' se fez acompanhar de dois prefixos ('*sam*' e '*ā*') para formar o verbo '*sam-ā-dhā*' ('colocar junto', 'somar'), que gradativamente se aproxima do significado de 'meditar'. Esse desenvolvimento se revela na expressão '*samādhānam kṛ*' ('prestar atenção'). Mas o substantivo '*samādhi*', entre os derivados do verbo '*sam-ā-dhā*' (em sua forma fraca, '*dhi*'), é aquele que mais se aproxima do conceito original da meditação.

'*Samādhi*' caminha na direção de duas outras palavras védicas, nascidas da raiz verbal '*yuj*' ('atrelar', 'ajustar'): '*yojanam*' e '*yoga*'. A semelhança semântica entre o samādhi e essas outras duas palavras leva Vyāsa a afirmar, em seu comentário aos Yoga Sutras de Patañjali que "*samādhi é yoga*"[5]. Mas, para Patañjali, isso só é verdadeiro no sentido do samādhi ser uma parte integrante do processo da meditação. Patañjali diferencia os dois (samādhi e yoga) e dá um novo sentido à meditação chamando-a pelo nome '*saṁyama*'. Este novo nome agrega três componentes – dhāraṇā, dhyānam e samādhi – de forma integrada, estabelecendo o núcleo interno do método do yoga.

Construído a partir da palavra '*yama*', que primariamente significa 'controle', saṁyama é traduzido como o 'controle conjunto'. Aplica-se no sentido do controle conjunto da mente e dos sentidos. Mas saṁyama também tem outros significados, podendo ser usado para descrever a amarração dos cabelos no alto da cabeça, uma imagem frequentemente associada ao meditador. Patañjali foi prudente e conservador ao aproveitar os termos mais antigos, dhyānam e samādhi, já então nomes consagrados para a meditação, mas inovou ao integrar a eles o conceito de sustentabilidade,

---

[5] Yoga Sūtra Bhāṣya de Vyāsa, 1.1

com a dhāraṇā. Essa palavra nasce da raiz verbal '*dhṛ*' ('sustentar'), a mesma que dá origem à palavra dharma – 'aquilo que dá sustentação'. Ele faz a nova meditação (saṁyama) buscar sustentação no si-mesmo ('*ātmā*'), o que antes era uma tarefa atribuída apenas ao samādhi, como se nota na expressão:

> *"Tudo isto (o mundo inteiro) está recolhido (samāhitaṁ[6]) na fortaleza de Brahma."* [7]

Apesar do surgimento dessas variações no vocabulário sânscrito para a meditação, a palavra mais utilizada para designar a meditação, em Sânscrito, ainda é 'dhyānam'. Ao longo dos séculos de desenvolvimento da doutrina do yoga essa palavra preservou sua antiga dignidade, tendo recebido de Patañjali um destaque especial no processo da meditação. A sua importância no yoga será tratada mais adiante. Por ora vamos retornar à questão da pessoalidade da meditação, assunto do próximo capítulo.

---

[6] Particípio passado do verbo samādhā, que dá origem à palavra 'samādhi'.
[7] Chāndogya Upaniṣad 8.1.4

3. Pessoalidade na Meditação

A Cultura Sânscrita se mostra, no geral, desinteressada pelo princípio da impessoalidade. Apesar disso, muitos acadêmicos indianos defendem a tese de que a língua sânscrita é perfeita para a redação de trabalhos científicos. Essa alegação se fundamenta na estrutura rigorosa de sua gramática e na riqueza de seu vocabulário, qualidades desejáveis para a composição de textos que exigem precisão. De fato, essa precisão aparece em obras sânscritas muito antigas que tratam de Matemática e Astronomia, por exemplo. Mas, mesmo essas obras, de caráter aparentemente científico, são permeadas por uma subjetividade que a Cultura Sânscrita enxerga na substância dos números, das palavras e da matéria física. Números, palavras e matéria são sinais que apontam para uma presença subjetiva à qual se atribui a criação do universo. Essa presença é denominada, em Sânscrito, pelo nome masculino 'Puruṣa', a pessoa universal.

Tomando o Puruṣa como referência, vamos fazer um breve passeio pela literatura sânscrita em busca de esclarecimento sobre o princípio de pessoalidade ao qual nos referimos. E vamos começar por um pequeno trecho de um grande épico.

O maior épico do mundo foi composto em Sânscrito e se chama Mahābhāratam. Em seus mais de 85 mil versos duplos ele narra uma sequência de eventos trágicos ocorridos com uma família real mítica (a Dinastia Lunar) dividida em dois grupos opostos que disputaram o poder em uma grande guerra. A autoria desse épico é atribuída, pelo próprio texto, ao sábio mítico Kṛṣṇa Dvaipāyana Vyāsa Deva, um membro da Dinastia Lunar e personagem-chave dentro do enredo daquele épico. A narrativa principal foi acrescida de composições independentes, em sua maior parte de caráter instrutivo. Entre elas está um breve diálogo[8] entre o deus Brahmā e seu filho Rudra, que conversam sobre o Puruṣa:

"(...) No meio do Oceano de Leite há uma elevada montanha, que tem o brilho do ouro, chamada Vaijayanta, onde está o trono do soberano (virāj). Ali está assentado um deus solitário, a pensar sobre o caminho que conduz ao si-mesmo (ātmā). Então chega Śiva, o deus nascido da fronte desse sábio de quatro faces (Brahmā). Tomado pela afeição, ele ofereceu homenagem aos pés de Brahmā, que, com sua mão esquerda o fez erguer-se, e disse:

"Sê bem-vindo! Estou feliz que tenhas vindo até mim. Está tudo bem, filho? Continuas entregue ao estudo apropriado e às práticas de purificação?

"Rudra disse:

"Pela graça que provém de ti, ó Bhagavān, meus estudos e purificações estão excelentes e inabaláveis, como tudo o mais, no Universo! Desde há muito tempo vejo Bhagavān no trono do soberano, razão pela qual vim encontrá-lo aqui. Tenho curiosidade de saber a razão, que não deve ser insignificante, de vires para este local solitário. Por que razão, tendo um trono melhor, livre de fome e sede, frequentado por Suras, Asuras, por brilhantes sábios, por cantores e ninfas celestiais, mesmo assim vieste ficar aqui sozinho?

"Brahma disse:

"Estou permanentemente nesta desejável montanha Vaijayanta. Aqui, com a mente focada, penso no soberano Puruṣa."

Antes de seguir com a narrativa, é importante esclarecer que a palavra 'Puruṣa' é usada, em Sânscrito, para designar tanto um 'homem' (pessoa do gênero masculino) quanto uma 'pessoa' abstrata, sem gênero, e não apenas uma pessoa humana. Embora haja outras palavras que possam ser traduzidas como 'pessoa', essa foi a escolhida pelos sábios antigos da Índia para registrar a presença da pessoalidade no pensamento filosófico. Por isso vamos utilizar com frequência 'pessoa' para traduzir o termo 'Puruṣa'. De volta à narrativa:

"Rudra disse:

---

[8] Capítulos 12.338 e 12.339 da edição crítica BORI, correspondentes aos capítulos 12.350.9-27 e 12.351.1-23 da edição Parimal

"Muitas pessoas foram criadas por ti, Brahmā, que és surgido de ti mesmo, quando já existia aquela pessoa única e soberana. Quem é aquela pessoa suprema (Puruṣottama) em quem pensas? Esclarece esta minha dúvida. É grande a minha curiosidade.

"Brahmā disse:

"Muitas são as pessoas que tu mencionas, filho. Ainda assim, embora invisível, aquela (a pessoa suprema), é maior do que todas as demais. Falarei para ti dos fundamentos da pessoa única. Se diz que ela é a única fonte das muitas pessoas, que, tendo ganhado existência **imaterial** (nirguṇam), se abrigam permanentemente naquela grandiosa primeira pessoa universal, também imaterial.

"Escuta, filho, como é explicada essa pessoa eterna, imutável, indestrutível, imensurável, que vai a toda parte. Ela não pode ser vista por ti, por mim ou por qualquer outro. Ela é compreendida com e sem atributos materiais, universal, que só pode ser percebida pelo conhecimento.

"Ela não tem corpo, mas reside em todos os corpos. Mesmo residindo nos corpos, ela não é maculada pelas ações. O meu si-mesmo interno, e o teu, e os outros, combinados com todos os respectivos corpos, são o observador que jamais, de modo algum, pode ser percebido. A pessoa, como cabeça universal, braço universal, pé, olho ou narina universal, segue solitária por seus próprios campos, parando quando encontra conforto. Os campos, certamente, são os corpos. As sementes são as boas e más ações. Aquele si-mesmo do Yoga (a pessoa) os conhece, razão pela qual é chamado de 'conhecedor do campo'.

"Nenhuma criatura é capaz de conhecer sua dinâmica (gati) de chegada ou de partida desse corpo. Só com a orientação do Sāṁkhya e do Yoga se sabe como é a sua marcha. Tenho pensado sobre a dinâmica desta (pessoa), mas não conheço (ainda) sua dinâmica suprema (uttama). No entanto, falarei de conformidade com o meu conhecimento sobre a pessoa eterna, sua unicidade e grandeza, pois ela é conhecida como a pessoa única, que recebe o nome de 'Grande Pessoa.'

"O fogo, que é um só, é aceso muitas vezes. O Sol, que é um só, é a fonte única das queimaduras. O vento, que é um só, sopra muitas vezes no mundo. O grande oceano é a fonte única das águas. E a pessoa única, sem atributos materiais, está investido de todas as formas, que se apoiam sobre essa mesma pessoa sem atributos.

"Tendo abandonado tudo o que é produzido pelos atributos (guṇas) da matéria; tendo abandonado as ações, boas ou ruins; tendo abandonado tanto a verdade quanto a mentira; dessa maneira (uma criatura) se torna sem atributos materiais. Tendo ainda experimentado aquela inconcebível existência sutil quádrupla, aquele que souber agir sem arrogância pode alcançar a pessoa resplandecente.

"Assim, alguns pânditas querem (ver a pessoa como) o si-mesmo supremo (**Paramātmā**). Outros estudiosos da experiência do conhecimento (querem ver a pessoa como) o si-mesmo, o único si-mesmo. Nesse caso, aquele que é o si-mesmo supremo se diz que é eternamente sem atributos materiais. Ele é conhecido como Nārāyaṇa. Essa pessoa é o si-mesmo de todos (os seres). E não é maculada pelos frutos (das ações), assim como a folha do lótus não é afetada pelo contato com a água.

"Mas aquele si-mesmo ligado à ação (**Karmātmā**), que é outro, está ajustado (ao si-mesmo supremo) pelos laços da libertação. Ele é dezessete (naturezas combinadas), e está ajustado (ao si-mesmo supremo) por alguns fatores (numéricos). Assim foi descrita para ti a pessoa plural, passo a passo.

"Aquele que, como um todo, abriga a tessitura do mundo, é o que de mais elevado se pode conhecer. Ele é o que pode ser percebido, (ele é) o percebedor, o pensador, o pensável, o devorador, o que pode ser devorado, o que sente o cheiro, o odor, o que toca, o palpável, aquele que vê, o visível, o que escuta, o audível, o conhecedor, o que pode ser conhecido, com e sem atributos materiais (simultaneamente). Ele é denominado **Pradhānam**, e tem os atributos materiais em equilíbrio. É eterno, permanente e imutável.

"Aquilo que, na criatura, é a ordenação original do criador (Dhātā[9]), os sábios (viprās) chamam de **Aniruddham** ("incontido"). No mundo, ele é como o ritual védico. É a prece bem adequada. A ele, somente, pertence o que pode vir a existir. Deuses e munis pacificamente oferecem a ele suas porções no sacrifício, junto ao fogo do Leste.

"Eu, Brahmā, o primeiro senhor das criaturas, fui criado por ele (a Pessoa universal), e tu foste criado por mim. De mim saíram o universo mutável e o fixo, e todos os Vedas com seus segredos, ó filho. Aquela pessoa partida em quatro, joga como quer. Portanto, só ela é mesmo o

---

[9] Dhātā corresponde, aqui, ao deus ordenador védico Savitā

Bhagavān, despertada por sua própria experiência.

"Isso que te contei, filho, é a resposta perfeita para tua pergunta. Isso também é explicado com a mesma clareza na doutrina do Sāṁkhya e no Yoga."

Esse trecho do Mahābhāratam foi escrito com um vocabulário que simula o ambiente cultural védico, o que parece indicar uma grande antiguidade para seu conteúdo. A razão para usar o contexto védico nessa composição decorre do fato dela ser parte de um extenso debate que ocorreu no passado acerca do significado real do Hino ao Puruṣa[10] ('Hino à Pessoa', uma das composições presentes no Ṛg Veda), um dos mais importantes cânticos védicos. A discussão, que atravessou milênios, buscou esclarecer quem era essa pessoa universal que foi sacrificada pelos deuses, que queriam alcançar o Céu e a imortalidade.

Esse debate sobre a natureza da pessoa é o cenário no qual se desenvolveu o conceito de meditação. As duas doutrinas filosóficas das quais extraímos a essência da meditação – o Sāṁkhya e o Yoga – tiveram sua origem na busca de respostas para as dúvidas na interpretação do Hino ao Puruṣa. Por essa mesma razão essas duas doutrinas são consideradas parte integrante da ortodoxia bramânica do Hinduísmo, que tem seus alicerces culturais nos Vedas.

Os dois capítulos do Mahābhāratam que reproduzimos parcialmente acima nos ajudarão a fazer uma reflexão sobre a pessoalidade da meditação. Mas para que essa ajuda seja possível, precisamos entender, primeiro, o que é essa 'pessoa' à qual se refere a palavra 'Puruṣa'. O que significa ser uma 'pessoa'? A resposta pode começar por tomar essa 'pessoa' como um componente estrutural do discurso. Com um pouco de Gramática pode ficar mais fácil entender a pessoa dentro ou fora do discurso.

A pessoa gramatical é a representação da posição assumida por um participante no cenário do discurso. As gramáticas identificam três posições possíveis para a pessoa: aquele que produz a fala (primeira pessoa); aquele a quem a fala é dirigida (segunda pessoa); e aquele que é apenas referido como objeto no discurso (terceira pessoa). A pessoa gramatical existe no ponto em que se conectam os fenômenos da linguagem com os da consciência. A fala, por padrão, é produzida conscientemente e carrega uma significação intencional que manifesta a força interna da pessoa que

---

[10] Ṛg Veda, hino 10.90

faz o discurso.

A capacidade de expressar-se de um modo que sua manifestação possa ser percebida e, de alguma forma, compreendida pelo outro, de fato, fecha o circuito da pessoalidade. A pessoa que procuramos é revelada pela intenção subjetiva de expressar-se e pela iniciativa de construir um discurso com essa finalidade – qualquer que seja a linguagem que utilize para isso. Certamente a gramática nos ensina que a primeira pessoa verbal é aquela que corresponde com perfeição a esse modelo, tendo em vista que a segunda pessoa verbal é apenas o destinatário, e a terceira pessoa verbal é, ela própria, o objeto de que trata o discurso.

Para nos assegurarmos de que estamos na trilha certa para encontrar a pessoa da meditação, de conformidade com as doutrinas do Sāṁkhya e do Yoga, precisamos conferir o que a gramática do Sânscrito diz acerca das pessoas do verbo. Para começar, ela concorda com a estrutura de três pessoas, cada uma das quais é chamada de 'Puruṣa'. As posições das pessoas no discurso também são iguais, embora elas sejam apresentadas na ordem inversa à que utilizamos. O quadro abaixo ilustra as semelhanças e diferenças que há entre o padrão do Sânscrito e o nosso:

Sânscrito	Tradução	Nosso padrão
Prathamapuruṣa	*Primeira pessoa*	Terceira pessoa
Madhyamapuruṣa	*Pessoa média*	Segunda pessoa
Uttamapuruṣa	*Pessoa suprema*	Primeira pessoa

Tabela 1: Quadro comparativo entre as pessoas verbais segundo o nosso padrão e o do Sânscrito

Pode-se especular que a ordem na qual são descritas as pessoas verbais do Sânscrito indicam uma compreensão consistente da gênese do 'eu' na consciência do ser humano. Em uma primeira fase (que equivale à nossa terceira pessoa), a percepção de si mesmo, no recém-nascido, se constrói através do corpo, que se confunde com os outros objetos no ambiente. Na fase seguinte (pessoa média) a aquisição da fala permite à criança perceber em si mesma a pessoa, por meio do outro. A consciência de si mesmo começa na terceira fase, em que a pessoa real (não mais espelhada no 'outro') emerge como uma força que faz da mente uma ferramenta para se comunicar com o mundo.

Nota-se aqui, também, a grande importância que se dá à primeira pessoa verbal, que em Sânscrito recebe o nome do poder criador do Universo, Uttama Puruṣa (ou Puruṣottama, a 'pessoa suprema'). Ela é o único caminho que conduz à pessoa real, o eu dentro de cada indivíduo, enquanto as outras duas pessoas verbais são apenas indicações, que apontam de forma indireta para a direção que se deve seguir.

A flexão assumida pelos verbos chamados 'impessoais', que em Sânscrito são chamados de 'bhāvakartṛkā' (verbo 'que faz de seu próprio estado o sujeito da ação'), reforça a relação mais forte da primeira pessoa verbal com a pessoalidade. Verbos impessoais se caracterizam pela ausência de uma pessoa verbal a quem se possa atribuir a agência do evento ao qual se referem. No geral são verbos que aludem a ações da Natureza, sem sujeito, como 'chover'. A necessidade de flexioná-lo de forma impessoal faz a escolha recair sempre nos formatos de terceira pessoa – a menos pessoal das três – jamais em formatos de segunda ou primeira pessoas.

Seja como for, o simples fato da nossa primeira pessoa ser chamada pela mesma designação que identifica o Criador do Universo já é bastante eloquente. Ele é o testemunho de que as doutrinas do Sāṁkhya e do Yoga, que derivam suas reflexões do Hino ao Puruṣa, fundamentam seus argumentos na dimensão da experiência de primeira pessoa.

Retornemos, então, à breve narrativa do diálogo entre Brahmā e seu filho Rudra, para ver se é possível extrair dali alguma outra orientação acerca da natureza da pessoa que a meditação busca.

4. A Natureza Quádrupla da Pessoa

No capítulo anterior foi traduzido para você um trecho do épico sânscrito Mahābhāratam, que faz parte da discussão sobre o Hino ao Puruṣa. Ali, por duas vezes Brahmā diz que a *pessoa cósmica* (o Puruṣa) é quádrupla. Na primeira delas ele diz: *"Tendo ainda experimentado aquela inconcebível existência sutil quádrupla, aquele que souber agir sem arrogância pode alcançar a pessoa resplandecente."* Essa frase promete a iluminação para o meditador que tenha vivenciado uma existência sutil quádrupla, que não se pode alcançar com a razão – ou seja, inconcebível para a mente não meditativa. Na segunda referência, Brahmā diz: *"Aquela pessoa partida em quatro, joga como quer."* Uma clara indicação de que essa 'pessoa' quádrupla está no comando, quando se manifesta. Se entendermos as duas falas de Brahmā como referências genéricas à condição humana, essa pessoa quádrupla é o eu que habita dentro de cada um de nós. O que Brahmā diz, para simplificar um pouco, é que cada criatura é, na verdade, a combinação de quatro pessoas em uma só. Esse conceito de quadruplicidade da pessoa aparece já no hino védico dedicado ao Puruṣa, que diz:

> *"Um quarto desta (pessoa) são as criaturas, o mundo. Três quartos dela são a imortalidade no Céu. A pessoa (Puruṣa) seguia para o alto com os três quartos de cima, (mas) seu quarto (restante) estava aqui, novamente."* [11]

Três partes da pessoa caminham para o alto, mas uma quarta parte a prende aqui abaixo, como uma âncora. Está bem claro neste verso que as quatro partes integram uma mesma pessoa. Já a narrativa do Mahābhāratam se referiu esses quatro componentes com diferentes nomes:

---

[11] Ṛg Veda 10.90.3 e 10.90.4

Paramātmā, Karmātmā, Pradhānam e Aniruddham. Você pode encontrar uma breve descrição de cada um deles, ali. Mas talvez seja interessante examinar novamente cada um dos quatro, com um pouco mais de atenção. Paramātmā e Karmātmā são distintos por oposição numérica, pois o primeiro é singular e o segundo é plural. Tratando os dois pelo pronome de primeira pessoa, um deles é o 'eu' supremo único, e o outro é o 'eu' do corpo (pois o corpo é uma multiplicidade organizada para viver como uma única pessoa). Paramātmā e Pradhānam são ambos eternos e imutáveis, mas o segundo está vinculado aos atributos materiais, ainda que "em equilíbrio". Pradhānam, portanto, é o 'eu' espiritual capacitado para se manifestar na matéria – na forma do Dharma. Por fim, Aniruddham (literalmente: "não recolhido") parece representar o 'eu' da mente, que, de acordo com a doutrina do Yoga, precisa alcançar a condição de 'recolhido' ('niruddham') para que a pessoa se manifeste por inteiro.

Se estiver correta esta interpretação, podemos concluir que os versos do Hino ao Puruṣa oferecem indicações da dinâmica interna da pessoa que medita. Eles dizem que a pessoa seguia para o alto com os três quartos de cima (Paramātmā, Aniruddham e Pradhānam), mas voltava para baixo para se manifestar novamente no último quarto – Karmātmā. Haverá aqui uma referência do Ṛg Veda ao ciclo dos renascimentos? Talvez. Mas não há dúvidas quanto ao fato de que a mente, representada no Mahābhāratam por Aniruddham, é retratada como a instável fonte dos problemas enfrentados pela pessoa quádrupla (o Puruṣa), que acaba por fazê-lo retornar ao corpo (Karmātmā).

Há no Ṛg Veda mais algumas referências à partição da pessoa em quatro componentes. Ao menos dois outros versos trazem a possibilidade de ajudar a esclarecer a natureza quádrupla da pessoa. Ao examinar esses versos, talvez seja possível entender ainda melhor o problema que se busca resolver através do processo da meditação. Um dos versos aparece em um hino no qual se descreve o casamento de Sūryā Sāvitrī, filha do Sol noturno (Savitā), com o deus Soma. A narradora desse hino, cuja autoria é atribuída à própria Sūryā, se dirige à noiva nos seguintes termos:

> "Soma encontrou primeiro. Gandharva encontrou depois. Teu terceiro senhor foi Agni. O teu quarto (senhor) nasceu de seres humanos." [12]

Uma esposa com quatro maridos é um modo figurado de descrever

---

[12] Ṛg Veda 10.85.40

uma pessoa com quatro indivíduos (quatro 'eus') dentro de si, todos eles querendo assumir o comando de sua vida. Muitos eruditos hindus acreditam que esse verso signifique apenas que os deuses Soma (o espírito presente nos vegetais que produz a elevação espiritual), Gandharva (guardião do Soma, que tem grande afinidade com a matéria primordial) e Agni (o fogo) têm o direito de se apropriar sexualmente de qualquer menina que alcance a idade para o casamento. No entanto, tendo em vista que o verso se dirige a Sūryā, a noiva do deus Soma, não faz sentido dizer que o seu noivo atual, o quarto da lista, é 'nascido de seres humanos'. Nem tampouco faz sentido Soma, que é o noivo, aparecer também no primeiro lugar da lista. Mas a lista passa a fazer sentido quando pareada com os quatro Puruṣas do Mahābhāratam e do Hino ao Puruṣa.

Soma e Gandharva fazem um paralelo com Paramātmā e Pradhānam, enquanto Agni corresponde ao incontido Aniruddha e o 'nascido de seres humanos' (o corpo humano), ao Karmātmā. No verso do Hino ao Puruṣa, Soma, Gandharva e Agni são os três quartos da pessoa que caminham para o Céu, quando são forçados a se juntar ao 'nascido de seres humanos', que aparece novamente no mundo material. Comparados dessa maneira, os três modelos parecem convergir de modo coerente para uma visão quádrupla do 'eu' que habita dentro de toda criatura.

Mas há ainda um outro verso védico que parece lançar mais uma luz sobre essas informações apresentadas até aqui. Ele diz:

"A linguagem (vāc) é medida em quatro partes. Os brâmanes inteligentes as conheceram. Três delas não se separam, ocultas em um lugar secreto (guhā). Os seres humanos falam a quarta parte da linguagem." [13]

Este verso fala sobre linguagem, que é justamente o recurso mais importante que uma pessoa tem para se manifestar. A separação da linguagem em quatro porções abre a possibilidade de o autor do verso ter vislumbrado recursos diferenciados de expressão para cada uma das quatro pessoas referidas pelas citações anteriores. Mas ele diz que apenas uma das partes da linguagem é falada, de fato, pois as outras três se ocultam juntas em um lugar secreto.

Esse 'lugar secreto' onde se ocultam três quartas partes da linguagem é tradicionalmente localizado no coração. É como um espaço mágico adequado para abrigar e proteger as riquezas sutis, para que não se percam

---

[13] Ṛg Veda 1.164.45

em um mundo grosseiro. Três quartas partes da linguagem, portanto, podem ser qualificadas como 'sutis', ou subjetivas, por oposição à palavra falada ou escrita, que pode ser qualificada como a porção 'grosseira', ou objetiva, da linguagem que os seres humanos utilizam para se comunicar. Essa parte grosseira da linguagem inclui, certamente, as representações mentais dos objetos que correspondem aos significados convencionais das palavras, com os quais se constrói uma fala impessoal.

Os aspectos sutis da linguagem podem ser denominados coletivamente pelo nome de 'significação' ('artha', em Sânscrito). A significação inclui recursos como o contexto, a figuração e a intenção, que acrescentam sentido e profundidade ao discurso. A significação ultrapassa os limites de expressão das palavras e presenteia a linguagem com a capacidade de dizer sutilezas que jamais seriam alcançadas com apenas os significados formais das palavras. É exatamente esse aspecto sutil da linguagem que dá pessoalidade à linguagem e dá voz ao Puruṣa. A pessoa precisa se expressar de alguma maneira para que sua existência seja reconhecida, e sua contribuição à ordenação do mundo seja concluída. Essa expressão só é possível quando as quatro instâncias da pessoa encontram um meio adequado para se apresentar ao mundo, dando uma significação adequada ao seu discurso. Por isso podemos dizer, usando de um trocadilho em Sânscrito, que o *objetivo* ('artha') do Puruṣa é apenas o de impor aos objetos uma *significação* ('artha' também).

Há uma outra composição védica, a Māṇḍūkya Upaniṣad, que faz uma reflexão acerca da natureza quádrupla do si-mesmo. Abaixo está reproduzido o trecho dessa upaniṣad pertinente a esse assunto:

"Tudo isto é Brahma. Este si-mesmo é Brahma. Este si-mesmo é quádruplo.

*"O primeiro quarto é **Vaiśvānara**, o desfrutador do grosseiro, com dezenove faces e sete membros, com a percepção voltada para fora, no estado de vigília (desperto).*

*"O segundo quarto é **Taijasa**, o desfrutador do delicado, com dezenove faces e sete membros, com a percepção voltada para dentro, no estado de sonhos.*

*"Aquele (estado) no qual nenhum desejo é desejado e nenhum sonho se vê, este é o sono profundo (suṣuptam). O terceiro quarto é **Prājña**, cuja face é o coração (cetas – a consciência do coração), apenas pleno de perceptividade (prajñāna), feito de felicidade (ānanda), desfrutador da*

felicidade, tornado um com o estado de sono profundo.

"Este é o senhor (Īśvara) de todos, este conhece tudo, este é o controla-dor interno, este é o ventre (yoni – local de gestação) de tudo, é de fato a causa da existência e da dissolução das criaturas.

"Nem com a percepção voltada para dentro, nem com a percepção vol-tada para fora, nem com a percepção voltada para dentro e para fora simultaneamente, nem preenchido pela perceptividade, nem perceptivo nem não perceptivo. Não é visto, não se negocia com ele, não se pode pegá-lo, não tem sinais distintivos, não se pode pensá-lo, não se pode indicá-lo. É a essência da experiência de um único 'eu', é a extinção da multiplicidade, é tranquilo, benigno, não dual, assim se pensa que é o **Caturtha** *(quarto). Ele é o si-mesmo. Ele deve ser conhecido."* [14]

Essa upaniṣad, da qual foram extraídas as frases acima, deriva suas reflexões daquele verso do Hino ao Puruṣa que afirma a quadruplicidade da pessoa. Aqui, Brahma (como um conceito neutro, distinto do deus Brahmā do Mahābhāratam) é o si-mesmo quádruplo. Como Vaiśvānara ele é o si-mesmo no corpo. Taijasa é o si-mesmo na mente. Prājña é o si-mesmo no coração. E Īśvara ou Caturtha é o si-mesmo sem uma localização precisa, mas que se revela presente no coração quando os três anteriores se com-binam na harmonia do Dharma pessoal.

Neste trecho selecionado, a upaniṣad descreve uma pessoa múltipla, da qual três partes se combinam para revelar uma quarta parte, que tem a propriedade de comandar o conjunto das outras três. Ainda que existam pequenas diferenças entre as fontes citadas, nenhuma delas contesta a quadruplicidade do Puruṣa. E a busca pela integração dessas quatro pes-soas faz parte do processo da meditação.

No próximo capítulo será examinada a maneira como a doutrina do Sāṁkhya lidou com esta questão da multiplicidade da pessoa para cons-truir sua teoria sobre a mente.

---

[14] Māṇḍūkya Upaniṣad 2 a 7

5. A Pessoa no Sāṁkhya

A doutrina do Sāṁkhya está entre as mais antigas reflexões produzidas na Índia. Referências fragmentadas a ela aparecem nas upaniṣadas mais antigas, cuja composição data de mais de um milênio antes de nossa Era. Seu formulador original chamava-se Kapila, e a mais antiga referência a ele (relacionando-o ao Sāṁkhya) aparece na Śvetāśvatara Upaniṣad[15], um texto creditado à própria linhagem dos seguidores do Sāṁkhya. Há muitas dúvidas quanto a datas e historicidade dos instrutores dessa doutrina, mas há algumas composições autoritativas sobre as quais há informações mais precisas. A mais antiga dessas composições chama-se Sāṁkhya Kārikā (de autoria de Īśvara Kṛṣṇa), e dela extraímos alguns versos, que serão usados para ilustrar o assunto deste capítulo. Convém esclarecer que o Sāṁkhya descrito por essa kārikā difere um pouco do Sāṁkhya descrito no Mahābhāratam e em outras fontes, mas essas diferenças não chegam a criar qualquer problema para a análise que fazemos aqui.

O Sāṁkhya fundamenta sua lógica na pessoalidade do Universo. É a pessoa (Puruṣa) quem está no início do processo que traz o Universo à existência. Dessa pessoa original derivam os recursos da inteligência perceptiva. Pode-se dizer que, no momento inicial do Universo, já existe uma pessoa cósmica capaz de perceber, mas não há sequer um único objeto que possa ser percebido. O desejo de perceber é a fonte da criação, pois traz à existência os meios de percepção, que por sua vez criam a matéria, para a manifestação formal, objetiva, da vida.

A pessoa é, segundo o Sāṁkhya, o marco inicial do processo de criação. Ela é, também, a base metafísica sobre a qual se assentam os mundos

---

[15] Śvetāśvatara Upaniṣad 5.2

subjetivo e objetivo. A criação do Universo, segundo o Sāṁkhya, segue um caminho inverso em relação àquele que foi concebido pelo pensamento científico que ainda prevalece, hoje. Para o cientista, a origem do Universo está na dinâmica das leis naturais inerentes à matéria. Dadas as condições iniciais adequadas, essas leis promovem o surgimento de uma organização material progressivamente mais complexa, a vida orgânica, que, crescendo em complexidade e integração, cria condições para o surgimento da consciência e da pessoalidade.

As duas versões opostas estão resumidas na tabela abaixo:

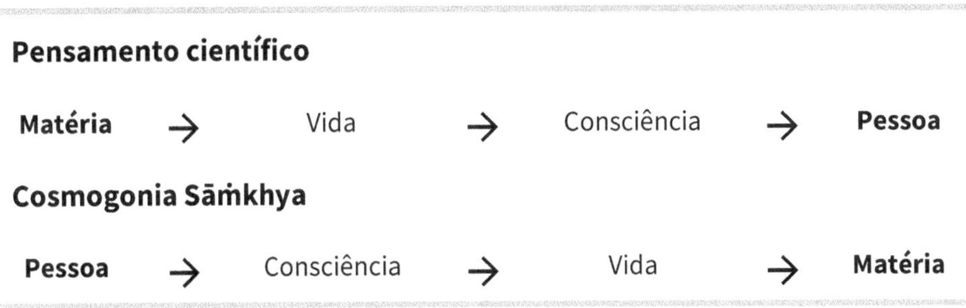

Tabela 2: Ciência versus Sāṁkhya

É claro que, mesmo com toda essa simplificação, os dois sistemas partem de perspectivas metodológicas muito distintas, o que prejudica a comparação. Por isso vamos nos ocupar apenas com a versão do Sāṁkhya, para tentar compreender as razões que o levaram a buscar suas respostas por um caminho tão diferente daquele da Ciência moderna, mas não menos acertado.

As dificuldades intrínsecas no modelo oferecido pelo Sāṁkhya são de porte considerável, a começar com a própria definição do que (ou de quem) seja o Puruṣa, a pessoa a quem se atribui a origem dos mundos.

A Sāṁkhya Kārikā diz, em seu verso 3:

"A Natureza Raiz (Mūlaprakṛti) não é um derivado. Mahat e outros são os sete derivados da Natureza (Prakṛti). Dezesseis são derivações (dos derivados). A pessoa (Puruṣa) não é Natureza original nem derivado."

E, no verso 22:

"De Prakṛti surge Mahat, do qual surge Ahaṁkāra, e deste surge o grupo dos dezesseis. Por meio de cinco desses dezesseis surgem os cinco elementos."

De forma elegante, Īśvara Kṛṣṇa apresentou os 23 componentes da estrutura do Universo pelo ponto de vista da doutrina do Sāṃkhya: Mahat (ou buddhi); Ahaṃkāra; as cinco medidas que limitam o universo (Tanmātrāṇi); a mente (manas); os cinco órgãos de percepção (Buddhīndriyāṇi); os cinco órgãos de ação (Karmendriyāṇi); e os grandes elementos (Mahābhūtāni). Ao descrever as linhas de derivação, ele optou por se fixar nos grupos, e dessa maneira contornou a dificuldade de se relacionar cada um dos cinco grandes elementos com cada um dos órgãos de ação e com cada um dos órgãos de percepção correspondentes. Ele fez os cinco elementos derivarem do conjunto das cinco medidas do universo (Tanmātrāṇi), sem dar quaisquer outros detalhes. Os dez órgãos e Manas (o décimo-primeiro órgão) derivam, em conjunto, do Ahaṃkāra.

O quadro ao lado resume o conteúdo desses dois versos, de conformidade com os comentários explicativos de Gauḍapāda que os acompanham. Cada um dos vinte e três componentes derivados da Natureza Original é chamado de 'tattvam' e corresponde a um princípio funcional presente na estrutura de qualquer ente natural. Note que apenas os sete derivados que aparecem na metade superior da tabela produzem, eles próprios, derivações (indicadas por setas). Os dezesseis restantes, com a mente entre eles, não produzem derivações.

O Puruṣa não aparece nessa tabela porque, de acordo com o que disse o verso 3, ele não é a Natureza original nem é um derivado de qualquer outra coisa. Ele está fora das duas pontas do processo que dá origem ao Universo. Ele não é a substância a partir da qual a matéria será produzida, nem tampouco ele é a matéria produzida por essa substância. Mas isso não o remove do jogo, pois o Puruṣa é referido explicitamente como a origem de tudo o que há no Universo. O Ṛg Veda, por exemplo, afirma o protagonismo do Puruṣa no teatro universal:

"O Puruṣa apenas é todo este Universo, aquilo que já existiu e aquilo que ainda vai existir"[16]

Vamos lembrar que o Puruṣa representa a pessoalidade na meditação. Mas o conceito de um Puruṣa cósmico parece extrapolar o campo da meditação. Precisamos colher mais informações textuais sobre a relação do Puruṣa com a Natureza, para esclarecer essa questão. A Sāṃkhya Kārikā traz mais algumas informações que podem nos servir.

---

[16] Ṛg Veda 10.90.2 – Puruṣa Sukta

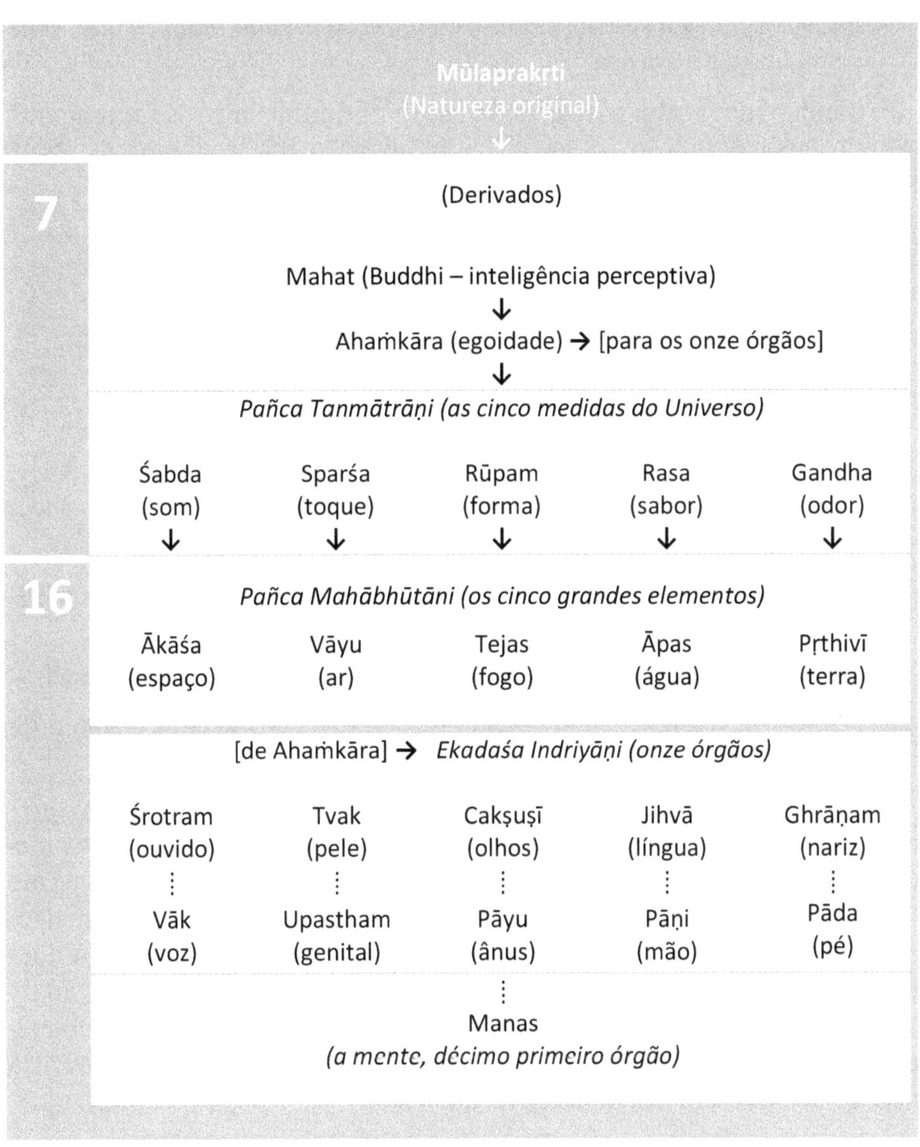

Tabela 3: Estrutura da Natureza

"Provida da qualidade tríplice (da Natureza), desprovida de discernimento, objeto de percepção, genérica, desprovida de entendimento, produtiva, assim é a substância universal (Pradhānam) manifestada. O inverso disso é o Puruṣa." [17]

Gauḍapāda sente a necessidade de formular um esclarecimento acerca dessa definição do Puruṣa por inversão dos atributos do Pradhānam, e comenta esse verso nos seguintes termos:

"A matéria manifestada e a imanifestada são providas da tríplice qualidade (triguṇam). O Puruṣa é desprovido dessas qualidades.

"A matéria manifestada e a imanifestada são desprovidas de discernimento. O Puruṣa é capaz de discernir.

"Assim também a matéria manifestada e a imanifestada são objeto de percepção. O Puruṣa não é objeto de percepção.

"Assim também a matéria manifestada e a imanifestada são genéricas (sāmānya). O Puruṣa é individual.

"Desprovidas de entendimento são a matéria manifestada e a imanifestada. O Puruṣa tem o entendimento. (...)

"Produtivos são a matéria manifestada e o Pradhānam. O Puruṣa é não produtivo. Nada é produzido a partir do Puruṣa. Por isso se diz 'o inverso disso é o Puruṣa'." [18]

O comentário de Gauḍapāda destaca a informação de que *"nada é produzido a partir do Puruṣa"*, e que por isso ele é o inverso da natureza material, tanto a manifestada quanto a não manifestada. Mas, ao mesmo tempo, ele é reconhecido como a fonte de algumas ações que ocorrem dentro do cenário material, tais como o ato de discernir ou entender. A doutrina do Sāṁkhya, portanto, afirma ser possível algum tipo de relação do Puruṣa com a Natureza manifestada que transfira características não-materiais para os objetos compostos de matéria. E isso se faz sem que o Puruṣa perca sua característica de imaterialidade.

Descrito dessa maneira, pode parecer que o Puruṣa (a pessoa dentro de cada criatura) na verdade não existe, uma vez que está fora da Natureza universal. O comentário afirma também que não é possível perceber o

---

[17] Sāṁkhya Kārikā 11
[18] Sāṁkhya Kārikā Bhāṣya 11

Puruṣa, pois ele não é objeto de percepção. Mas a Sāṁkhya Kārikā se esforça por esclarecer que ele existe, ainda que não como objeto, e apresenta suas razões para acreditar nisso:

"Por causa dos corpos materiais receberem significação de outros; por causa (da existência) do inverso da tríplice qualidade (da matéria), etc.; por causa do estabelecimento do comando (sobre o corpo); por causa da existência do desfrutador; por causa da existência de atividade que expressa um isolamento (do desfrutador em relação ao que é desfrutado pelo corpo); (decorre naturalmente que) o Puruṣa existe." [19]

Nota-se que as razões elencadas pelo autor para demonstrar a existência do Puruṣa são construídas a partir de necessidades lógicas, dadas as condições gerais em que se apresenta a Natureza material. Este é um verso importante para a compreensão da dinâmica que se estabelece entre o Puruṣa e a Natureza.

A primeira necessidade lógica sentida pelo filósofo Īśvara Kṛṣṇa (o autor da Kārikā) nasce da crença de que os corpos materiais são produzidos pela Natureza sem significação própria, e que precisam receber essa significação de outros. Aqui poderíamos entender 'outros' como uma referência a outros corpos da Natureza, mas estes também são criados sem significação própria, razão pela qual se deve admitir sua incapacidade de dar ao outro aquilo que eles próprios não possuem. Descartada esta alternativa, o termo 'outro' pode ser tomado, também, como referência a uma categoria subjetiva de entes, fora do domínio da Natureza objetiva. Entes imateriais, como são, por exemplo, os significados das palavras – ideias que representam os objetos materiais para os quais as palavras apontam. Ou entes mais imateriais ainda, como o são as próprias forças da significação, que criam e mantêm os vínculos entre as palavras e seus significados. A ponte que viabiliza as trocas entre o Puruṣa e a Natureza material pode ser, certamente, a significação (artha), uma força abundante na linguagem, onde ela ocupa uma posição axial: só é possível a linguagem quando está presente o fenômeno da significação.

Mas a doutrina Sāṁkhya precisa ainda explicar como o Puruṣa pode interferir nos fenômenos da Natureza sem que ele próprio faça parte da Natureza. Qualquer força que atue em algum sistema material precisa, necessariamente, fazer parte desse sistema. O verso 17, citado acima, fala

---

[19] Sāṁkhya Kārikā 17

sobre a necessidade do estabelecimento de um comando sobre o corpo, comando esse que Īśvara Kṛṣṇa atribui ao Puruṣa que, no entanto, está fora do Universo material.

O comentário de Gauḍapāda ao verso 17 acrescenta informações esclarecedoras acerca do que pensavam os aderentes ao sāṁkhya sobre a natureza do Puruṣa, que é ao mesmo tempo distinto da tessitura da matéria, mas, de alguma forma integrado e vinculado a ela:

(...)

"Por que razão (se diz que) o Puruṣa existe? Por causa dos corpos materiais receberem sua significação de outro (ente). Este (corpo) composto por mahat e demais (componentes) recebe a significação do Puruṣa. Suponha-se que seja (esse corpo) desprovido de entendimento, como um paryaṅka. Assim como cada paryaṅka é a combinação de uma faixa para manter as pernas levemente erguidas (como uma flor), apoio para os pés, manta de algodão e um assento de tecido, (uma combinação) que faz sentido para outro, e não para si mesma. Dos componentes do paryaṅka, como a elevação das pernas e outros, nenhum deve ser feito para (dar significação mútua para) qualquer outro. Daí se conclui que existe uma pessoa (Puruṣa) que repousa no paryaṅka, de quem o paryaṅka tira sua significação. [o paryaṅka não extrai sua significação de qualquer de seus componentes, mas apenas da pessoa que faz uso dele]. Este corpo (humano) composto dos cinco grandes elementos passa a ter significação a partir de outro (ente). Existe o Puruṣa, a quem pertence este corpo desfrutável, produzido em uma forma desfrutável composta por mahat e outros componentes.

(...)

"[Acerca do comando]: Assim como uma carruagem atrelada a cavalos capacitados para pular, trotar ou correr, se move comandada por um cocheiro, da mesma maneira o corpo, (se move) por comando do si-mesmo (ātmā). Assim também é dito no Ṣaṣṭitantra[20]*: 'o Pradhānam se move comandado pelo Puruṣa'."* [21]

No primeiro trecho da citação acima, em favor da existência do Puruṣa, Gauḍapāda esclarece que, embora o corpo material seja composto por princípios como mahat (a inteligência perceptiva), ahaṁkāra

---

[20] Obra do sábio Pañcaśikha, conhecida apenas pelas citações.
[21] Sāṁkhya Kārikā Bhāṣya 17

(egoidade), manas (mente relacional) e outros, esse corpo é "acetanam", ou seja, desprovido de entendimento ou consciência. Ele descarta qualquer possibilidade de um corpo humano ser dotado de entendimento, pois é um objeto material como qualquer outro, dotado apenas das propriedades da Natureza material. A capacidade de entendimento é característica exclusiva da pessoa (Puruṣa) que desfruta do corpo.

Ele esclarece também que a significação não é uma propriedade intrínseca do objeto, mas sim um atributo que ele recebe da pessoa que dele desfruta. Gauḍapāda dá como exemplo o paryaṅkāsanam, um conjunto de artefatos criados para o conforto do meditador, que não têm qualquer significação senão para a pessoa que deles desfruta. É o desfrutador, o Puruṣa, quem dá significação para o objeto.

O segundo trecho da citação usa a figura da carruagem para ilustrar a questão do comando das ações da matéria pela pessoa imaterial. O comando do cocheiro é a chave para a compreensão de como a intenção ('saṁkalpa') da pessoa, que não compartilha dos atributos da materialidade, pode afetar o corpo e acionar mecanismos de natureza puramente material. Para conduzir a carruagem, o cocheiro dá aos cavalos os sinais de sua intenção, com gritos, ruídos ou movimentos nos arreios. Uma linguagem formada por sinais bastante simples é o bastante para comandar as ações dos cavalos e conduzir a carruagem pelo trajeto desejado.

O corpo humano, tal como a carruagem, se move pelo comando do si-mesmo (o ātmā), ou, em uma escala maior, a substância universal (o Pradhānam) se move conduzida pelo Puruṣa. A carruagem atrelada aos cavalos, mas sem o comando do cocheiro, estaciona ou se move sem rumo – sua trajetória se torna uma marcha desprovida de qualquer significação. O cocheiro, por outro lado, precisa da carruagem para percorrer os campos da materialidade. Há uma mútua dependência aqui, que explica a razão da união entre a pessoa imaterial e a Natureza material.

Para entender como o Sāṁkhya resolve a interferência do Puruṣa sobre a matéria, é preciso examinar com cuidado a explicação oferecida pela Kārikā. A figura do cocheiro que faz uso de sinais simples para comandar os cavalos conduz a uma importante dúvida: se o entendimento é um atributo do Puruṣa, como os cavalos podem entender os comandos do cocheiro? Só é possível responder a essa pergunta se aceitarmos, pela lógica do Sāṁkhya, que o Puruṣa também está presente nos cavalos emprestando a eles a capacidade de atribuir significação aos sinais do cocheiro, dessa forma tornando possível seu entendimento. Precisamos aceitar que o

Puruṣa (pessoa) que se expressa como cavalo de fato entende a linguagem do outro Puruṣa que se expressa como cocheiro. A linguagem é o elo que conecta essas duas instâncias do Puruṣa, atravessando o domínio da Natureza material, em seu trajeto. O comando se torna possível porque as duas pessoas (o cavalo e o cocheiro) entendem e concordam com a significação dos sinais da linguagem utilizada. Sem a significação, atributo exclusivo do Puruṣa, não há comando.

A perspectiva de primeira pessoa (à qual estão vinculados a significação e o entendimento) caracteriza o domínio das forças do Puruṣa, e a perspectiva de terceira pessoa caracteriza o domínio das forças materiais. As duas se encontram e se integram perfeitamente no espaço da linguagem. A dicotomia corpo/espírito, no caso do meditador, se resolve da mesma maneira como a dicotomia 'corpo acústico/conceito', no caso da palavra[22]. O linguista Ferdinand de Saussure chamou esses dois elementos psicológicos indispensáveis da palavra de 'significante' e 'significado'. O Sāṁkhya acrescenta a isso a ideia de que o 'corpo' (seja de uma palavra, seja de um indivíduo humano) traz consigo o recurso do isolamento ('*kaivalyam*') capaz de destacá-lo do conjunto da Natureza, transformando suas características genéricas em traços pessoais – que o 'isolam' da multidão. Já a pessoa 'significada' pelo corpo tem o recurso da 'visão' (darśanam, no sentido de 'capacidade de perceber') que empresta ao corpo a habilitação para o entendimento. Sobre isso, diz a Sāṁkhya Kārikā:

> *"Por causa dessa união, o 'significante' ('liṅgam', ou seja, o Pradhānam), que é desprovido de entendimento, parece dotado de entendimento. E, dessa mesma forma, aquele que é indiferente (à ação – o Puruṣa) torna-se parecido com um agente, por causa da agentividade dos atributos (guṇas) da matéria.*

> *"O Puruṣa tem o recurso (artha) da percepção, assim como Pradhānam tem o recurso do isolamento (kaivalyam). Quando se faz a união de ambos, tal como a do aleijado (Puruṣa) com o cego (Pradhānam), (ocorre) a criação (do Universo)."* [23]

No domínio da significação, portanto, criam-se os laços de mútua dependência entre a materialidade do corpo e a imaterialidade da pessoa.

---

[22] Ferdinand de Saussure. Cours de Linguistique Générale [annoté] (French Edition). Philaubooks. Parte 1, Capítulo 1.
[23] Sāṁkhya Kārikā 20 e 21

Nascemos com a mesma dicotomia reconhecida pelos linguistas nas palavras, justamente a característica que nos dá o poder de viver e recriar a vida. Esse mesmo poder da palavra é aquele por meio do qual se cria o Universo. A Sāṁkhya Kārikā nos ajudou a localizar (na significação) a conexão que dá ao Puruṣa um acesso ao mundo objetivo. Ainda é preciso esclarecer melhor o processo pelo qual, fazendo uso da significação, ele consegue afetar o andamento de fenômenos da Natureza material. É precisamente dentro desse campo subjetivo da significação, tão familiar aos poetas e tão rejeitado por cientistas, que se realiza o processo da meditação. É aí, também, que o espírito humano se liberta.

Gauḍapāda, neste capítulo, nos ensinou que o Puruṣa é a fonte do entendimento, do discernimento e da individualidade. O mundo manifestado é genérico, compartilhado, mas a experiência da meditação é pessoal, não compartilhada. Isso sugere um caminho para adicionar clareza ao nosso modelo teórico do processo da meditação. Um caminho para dentro da individualidade.

6. Sustentabilidade

A meditação é uma prática por meio da qual o meditador se capacita para anular a multiplicidade de caráter, tornando-se idêntico apenas a si mesmo. Apoiar-se sobre o Puruṣa, como único referencial de identidade pessoal, é a condição indispensável para que o cenário mental se estabilize e chegue ao ponto de encontrar sustentabilidade. Uma vida sustentável, do ponto de vista do Yoga, é aquela na qual não existe a necessidade de estímulos externos para que a mente construa motivação e entusiasmo. A mente meditativa encontra a sua motivação internamente, e, por essa razão, seus objetivos estarão sempre ao alcance de seu engenho prático.

Embora a mente, quando livre, esteja sempre a buscar novas informações e a reavaliar suas metas presentes, quando a mente se torna meditativa passa a ter sua curiosidade fiscalizada pela intuição. A mente que medita rejeita significações alheias, a menos que sejam compatíveis com as suas próprias significações. Esse mecanismo mental de rejeição ao que esteja em desacordo com suas características pessoais visa dar sustentabilidade e convicção à sua tomada de decisões.

Sempre que a mente se encontra afetada por dualidades, como frio/calor, prazer/dor, luz/escuridão, sucesso/fracasso, dentro/fora surge um impulso por movimentar-se continuamente no trajeto entre os dois extremos opostos. Se a mente cede a esse impulso, ela perde seu desejável estado de equilíbrio. Ela pode perder também parte de sua sensibilidade para entender as coisas. Uma perda de entendimento corresponde, pelo ponto de vista do pensamento Sāṃkhya, a um enfraquecimento da presença do Puruṣa na mente, conforme o que diz o conteúdo dos versos 20 e 21 da Sāṃkhya Kārikā, vistos no capítulo anterior.

A prática continuada da meditação aumenta a rapidez com que a mente é capaz de retornar ao seu estado de equilíbrio e entendimento. A capacidade de permanecer em equilíbrio confortável entre conceitos opostos aumenta a acuidade cognitiva da mente. A indiferença à tensão natural que há entre ideias que se opõem também se fortalece com a meditação. A mente equilibrada do meditador conserva sua capacidade de resposta, ainda que esteja tensionada. Por estar dotada de uma percepção mais clara das ocorrências ao seu redor, a mente do meditador tem a capacidade de manter uma saudável indiferença em relação aos efeitos que elas produzem. Sem se deixar arrastar pelo medo, prazer, desconforto ou qualquer outro efeito imediato dessas ocorrências, a mente meditativa tem maior capacidade de entender o alcance real do que está acontecendo e tomar decisões mais adequadas em relação a cada uma delas.

Nem todas as dualidades produzem tensões prejudiciais ao equilíbrio mental do meditador. Algumas dualidades produzem uma tensão integradora, como a que se encontra nas palavras, unindo significante e significado. São pares que não dividem, mas integram duas naturezas distintas em uma entidade maior, que supera suas partes componentes. Integradas em sua dualidade, as palavras e outros sinais de comunicação deixam de ser apenas sons ou figuras que representam objetos para se tornar ferramentas da expressão pessoal, que é o fundamento de qualquer relacionamento humano. Deixam de ser o dual ou plural e se convertem em singularidades.

A dualidade significante/significado, integradora da palavra, tem grande semelhança com aquela que existe entre o Pradhānam e o Puruṣa. A Natureza material, Pradhānam, dotada da capacidade do isolamento (kaivalyam), oferece à percepção (na mente) estímulos sensoriais agrupados em estruturas individualizadas que estão prontas para receber uma significação do Puruṣa. A existência de um significado para um objeto material é o sinal da interferência do próprio Puruṣa, que dessa maneira se insere na Natureza material, ao mesmo tempo que continua a não fazer parte dela. No caso de uma palavra, o significado não faz parte do seu corpo sonoro ou escrito, pois a ideia evocada pela palavra tem natureza imaterial e subjetiva. Assim, embora entrelaçados pela força da significação, os componentes objetivo e subjetivo da palavra preservam suas características essenciais: o que é objetivo continua a existir exclusivamente no domínio da objetividade; e o que é subjetivo permanece no domínio da subjetividade. Mas esses dois domínios, embora preservando suas independências, de alguma maneira se tocam, se unem e ganham, na palavra, o poder, até então inexistente, para construir uma entidade maior: a significação.

A palavra resultante também supera suas partes componentes em um outro sentido, como imagem poética. A imagem é a alma da poesia, a forma mais pessoal de utilizar a palavra, que dá a ela esse poder de superação capaz de fundir com naturalidade até mesmo os componentes que apresentam alguma possibilidade de conflito. A imagem poética concilia os inconciliáveis, pois resolve de forma integradora as tensões semânticas entre as palavras, emprestando sustentabilidade ao discurso.

O poeta mexicano Octavio Paz diz, sobre esse assunto, em seu ensaio "A Imagem":

"(...) usamos a palavra imagem para designar toda forma verbal, frase ou grupo de frases que o poeta diz, e que juntas compõem um poema. (...) Cada imagem – ou cada poema feito de imagens – contém vários significados, opostos ou díspares, que ele abarca ou reconcilia sem suprimir. Assim, São João fala de 'música silenciosa', uma frase na qual estão aliados dois termos aparentemente inconciliáveis. (...) Sono e vigília estão ligados em Segismundo de uma maneira indissolúvel, misteriosa. Em Édipo, liberdade e destino... A imagem é a chave para a condição humana." [24]

A poesia, portanto, como a chave que ajuda a decifrar a condição humana, é mais uma ferramenta disponível para o meditador. Ao conciliar os termos que se opõem no discurso, ela reduz o atrito das dualidades e ajuda o meditador a encontrar concordância sustentável onde antes havia oposição disruptiva. A poesia (*kāvyam*), na Cultura Sânscrita, é reconhecida desde os tempos védicos como a linguagem do sábio – que, por essa razão é chamado de poeta ('*kavi*'). Todos os autores dos versos védicos são chamados de poetas, tanto pelo conteúdo quanto pela estrutura formal de suas composições.

As palavras poéticas, carregadas de pessoalidade, são um meio perfeito para relatar a experiência de primeira pessoa, pois são capazes de abandonar o dizer genérico, de terceira pessoa, que pode ser dito de outra maneira, com outras palavras. Octavio Paz explica essa unicidade do discurso poético, no mesmo ensaio já citado:

"Cada frase tem uma referência a outra, é suscetível de ser explicada por outra. Graças à mobilidade dos signos, palavras podem ser

---

[24] Paz, Octavio. The Bow and the Lyre (Texas Pan American Series). University of Texas Press. Edição do Kindle. (pos. 1363)

explicadas por palavras. (...) Toda frase significa algo que pode ser expresso ou explicado por uma outra frase. Em consequência, o sentido ou significado é um querer dizer. Ou seja: um dizer que pode ser dito de outra maneira. Ao contrário, o significado da imagem [poética] é a própria imagem: ela não pode ser dita com outras palavras. A imagem é explicada por si mesma. Nada, além dela, pode dizer o que ela quer dizer. Significado e imagem são a mesma coisa. O poema não tem outro significado além de suas imagens." [25]

A pessoalidade do meditador, tal como a unicidade de uma imagem poética, se resolve em si mesma, no caráter único do encontro das *palavras* que a compõem. O meditador se torna um indivíduo apenas quando passa a depender apenas de si mesmo, ao optar por uma vida pautada por suas próprias opiniões e valores, e pelo respeito à sua integridade.

Sem essa unicidade e autossuficiência, a pessoa não se sustenta como indivíduo e se torna um personagem genérico, uma soma assombrada de características coletivas – flexionadas em terceira pessoa. Não é um indivíduo singular, mas uma multiplicidade, um indivíduo plural, em cuja subjetividade se instala o perigo iminente de uma desintegração. Cada um de seus componentes é exclusivo, ou seja, exige a anulação dos outros, para se manifestar. Os múltiplos, neste cenário, jamais se unificam.

Citando Paz mais uma vez, no mesmo ensaio:

"(...) Existem, em suma, imagens que realizam o que parece ser uma impossibilidade lógica, tanto quanto linguística: o casamento de opostos. Em todas elas – quase invisível ou escancarado – se observa o mesmo processo: a pluralidade do real é manifestada ou expressa como unidade última, enquanto cada elemento retém sua singularidade essencial. Penas são pedras, sem que deixem de ser penas. A linguagem, voltada para si mesma, diz o que por natureza parecia fugir ao seu alcance. A expressão poética expressa o inexprimível." [26]

A construção da imagem poética é idêntica à construção da individualidade da pessoa. As palavras do poeta expressam o indizível, enquanto a pessoa individualizada expressa um *espírito pessoal*, único, que não pode ser traduzido por padrões compartilhados pela comunidade. O

---

[25] Paz, Octavio. The Bow and the Lyre (Texas Pan American Series). University of Texas Press. Edição do Kindle. (pos. 1536)

[26] Idem. (pos. 1572)

pensamento coletivo é lógico e padronizado, e, por isso, previsível, incapaz de surpreender. A expressão individual é única, original e surpreendente, cheia de encanto e ousadia criativa.

A pessoa coletiva, ou de rebanho (*paśuvat*, em Sânscrito), tem suas deliberações acomodadas às opiniões dos outros, que se reúnem em sua mente de forma difusa para constituir o que podemos chamar de pensamento impessoal. Para sentir-se confortável com essa acomodação ao coletivo, a mente desse indivíduo constrói a convicção fingida de que pensa e age com autonomia e independência, apesar de nutrir dependência em relação às opiniões alheias. Rigorosamente falando, sua identidade é falsa, não encontra solo firme que lhe dê a sustentação.

A pessoa individual do meditador encontra com facilidade em si mesma os fundamentos para uma rica vida subjetiva, que contrasta com a pobreza da vida da pessoa coletiva que todos somos, em certa medida. No contato com o coletivo, as características individuais do meditador se destacam e se tornam evidentes. Esse destaque ocorre naturalmente e causa um impacto na comunidade, que, atraída pelas diferenças que enxerga naquela pessoa individual, sente-se obrigada a se relacionar com ela de forma diferenciada. O processo da meditação revela a pessoa individual, que encontra sustentação em si mesma e que tem a força moral para expressar suas próprias ideias – fazendo de sua vida um ato poético.

Vamos aproveitar esta reflexão para compreender um pouco melhor a natureza do espírito, pelo ponto de vista da Cultura Sânscrita. Para isso, precisamos fazer uma breve revisão em nossa concepção de Ética – em especial sobre o conceito de bem e de mal. A pessoa 'coletiva' precisa de regras simples e claras que determinem com clareza o que se pode e o que não se pode fazer. Ou que demarquem, na prática, os limites entre o bem e o mal. Isso é indispensável para assegurar uma convivência social compactuada, na qual a liberdade individual se ajusta aos valores compartilhados pela comunidade. Mas a pessoa individual, quando envolvida em situações que pedem pelas mais difíceis tomadas de decisão, pode sentir a necessidade de transgredir as regras que orientam a vida do coletivo, e que têm a pretensão da universalidade. Situações assim podem revelar uma lacuna que às vezes se interpõe entre as crenças coletivas e os valores acreditados individualmente por aquela pessoa.

É o que acontece, por exemplo, com o príncipe Arjuna, da Dinastia Lunar, na situação descrita pela Bhagavad Gītā. Cabe a ele a tarefa de dar a ordem para o início de uma guerra em que dois exércitos se enfrentarão, mas cujos integrantes, nos dois lados, pertencem à mesma família. O apelo à regra ética do respeito à família e do dever de a proteger fala mais alto à consciência de Arjuna, que hesita e decide não combater. Ele tem medo de tomar a decisão errada e produzir um grande mal para os seus parentes e amigos.

No entanto, seu primo Kṛṣṇa conversa com ele e, com argumentos que misturam razão e poesia, apela para o dever maior de Arjuna apoiar o Dharma (o conjunto de valores e princípios que dão sustentação para a pessoa ou para a comunidade), ainda que isso pareça um grande mal. Kṛṣṇa utiliza a retórica de primeira pessoa, e fala como se ele fosse a voz interna do coração de Arjuna, para invocar mais força para seus argumentos. Ele diz:

"É melhor (seguir) o seu próprio dharma, (ainda que) sem qualidade, do que o dharma de outro, bem executado. É melhor a morte no próprio dharma. O dharma de outro traz perigo." [27]

Qual seria o perigo resultante de seguir o dharma de outra pessoa? Certamente há o perigo da perda da identidade pessoal, que conduz à falsidade, e daí decorre um problema ainda mais destrutivo: a perda da sustentabilidade. Embora imitar uma pessoa determinada seja um comportamento que, em geral, se percebe com clareza – como no caso dos imitadores de Elvis Presley, que se reúnem anualmente em Memphis, nos Estados Unidos – imitar o coletivo nem sempre é assim tão evidente. Copiar o comportamento coletivo é uma forma de tomar para si uma originalidade falsa, que expressa uma individualidade que não é sua, e, a rigor, não é de ninguém. Serve apenas para a pessoa fazer de si mesma uma outra pessoa, que possa ser considerada um membro aceitável pelo grupo. Mas, como tornar-se uma outra pessoa é impossível, a imitação de um padrão social pode até trazer o conforto de ser aceito por uma coletividade, mas traz a falsidade para dentro de sua vida, também. E reduz sua capacidade de contribuir, com suas características pessoais, para a evolução das próprias regras e padrões que regulam a vida em sociedade.

Cada membro de uma comunidade deve dar corpo e voz às forças psicológicas que se expressam através de sua identidade pessoal autêntica, para o bem de si mesmo e do coletivo. O fortalecimento dessa identidade única, que se manifesta quando a expressão é livre e espontânea, é o

---

[27] Bhagavad Gītā, 3.35

objetivo maior do exercício da meditação. Quando consegue um equilíbrio entre a identidade pessoal e a identidade coletiva o indivíduo se qualifica como um potencial agente de transformação social. Só assim pode se consolidar uma relação sustentável entre a sociedade e seus membros, ou seja, entre a ordem social e o espírito pessoal de cada cidadão. Essa relação 'meditativa' do indivíduo com a sociedade é o inverso da atitude parasitária adotada por uma pessoa meramente 'coletiva', de rebanho, que apenas imita os padrões sociais movida pelo desejo do desfrute de algum benefício pessoal. Quando essa atitude parasitária é abandonada, a participação do indivíduo pode levar benefícios também para sua comunidade.

Voltando à reformulação ética, percebe-se que o 'espírito pessoal', referido anteriormente, está para além dos conceitos de bem e mal. Não é possível avaliá-lo dentro dos limites da perspectiva social, pois ele é justamente a força distintiva que pode reformular as regras da sociedade. Esse espírito, que está conectado à perspectiva de primeira pessoa, é o que faz o indivíduo ser considerado uma pessoa melhor, uma pessoa que merece ser imitada. Na Bhagavad Gītā, diz Kṛṣṇa para Arjuna:

"O que quer que faça o melhor[28], é isso exatamente o que farão as outras pessoas. O mundo segue o padrão que ele estabelece." [29]

O si-mesmo (ātmā ou espírito) não pode ser considerado bom ou mau, mas deve ser observado com atenção, pois sua manifestação é o que dá significação às coisas (momentos, cenários, objetos, acontecimentos, ações etc.). Dar significação é o mesmo que tornar uma coisa conhecível. O conhecimento só existe se for acessível pela memória, que só é capaz de armazenar informações quando é possível dar a elas alguma significação. A informação provida de significação se torna conhecimento. A capacidade de conhecer é um atributo da instância pessoal do Puruṣa (Īśvara, o comandante interno), e Patañjali, nos Yoga Sūtras, afirma que no Īśvara se oculta *"a semente insuperável de todo o conhecimento"* [30]. O conhecimento só é conhecível por causa do Puruṣa, que lhe dá a significação, mas é o Puruṣa, também, que nos dá o entendimento para armazenar, recuperar e usar esse conhecimento. Embora ele não faça parte do mundo objetivo, pouco a pouco ele demonstra o quanto está próximo de nossa vida diária.

---

[28] "o melhor", neste verso, é aquele que os outros consideram como o melhor.
[29] Bhagavad Gītā 3.21
[30] Yoga Sūtras 1.25

Se não existe um Puruṣa, um si-mesmo, que possa ser qualificado como bom ou mau, ou que se enquadre em qualquer tipo de dualidade, o espaço em que essas tensões se manifestam estará necessariamente restrito à mente. A mente é a responsável por nossas percepções (que podem sofrer distorções) e pela efetivação de nossas ações, cujas significações podem ser ajuizadas como boas ou más, a depender do contexto no qual se manifestem. A própria mente é responsável por esse ajuizamento das ações, que está sujeito a erros.

O ato de matar um ser humano se enquadra, por exemplo, no campo das ações 'malignas', que devem ser evitadas. Mas esse enquadramento pode se alterar, quando quem mata é um agente da lei e quem morre é um psicopata que usa uma criança como escudo vivo para se proteger de um cerco policial. No caso de Arjuna, que é um líder guerreiro, especializado no uso do arco e flecha, matar um adversário é algo que se espera que ele saiba fazer com eficácia, e que não hesite em fazê-lo, quando a necessidade se apresentar. Mas a mente de Arjuna se fixa em detalhes contextuais que confundem seu entendimento e tiram a sustentabilidade de suas convicções pessoais. A questão ética do bem e do mal é um assunto perigoso para a mente, que, agitada, instável e reativa, está sempre muito próxima de trilhar os caminhos do erro.

Vimos, no capítulo 4, que o Puruṣa pode se manifestar em quatro instâncias dentro de cada pessoa. O termo usado na literatura do Yoga para dizer 'instância' é '*avasthiti*'. Das quatro instâncias, três estão associadas a correlatos da Natureza material (objetiva ou subjetiva): o corpo, a mente e o coração. A quarta instância se manifesta quando as outras três se ajustam internamente ao Puruṣa e se integram entre si, na forma de uma estrutura unificada, que dá expressão ao Paramātmā. O corpo e o coração se ajustam ao Puruṣa com facilidade, mas a mente encontra dificuldade para cumprir essa tarefa. Por isso a meditação tem como meta básica corrigir o funcionamento da mente.

A mente trabalha com os estímulos sensoriais trazidos pelo corpo e os costura aos significados oferecidos pelo coração. Precisamos descobrir a origem das suas perturbações. Por isso vamos dedicar o próximo capítulo ao exame mais atento da natureza da mente e seu funcionamento.

7. O Instrumento Interno

Há certas coisas com as quais convivemos e estamos tão familiariza-dos que raramente chegamos a refletir sobre sua natureza, nem tampouco encontramos razões para duvidar de sua existência. A mente é uma dessas coisas, tão evidentemente real que parece absurdo pensar que ela possa ser, como querem alguns, apenas uma ilusão criada pelo funcionamento dos nossos neurônios. Embora esteja majoritariamente correlacionada a funções corporais, a mente parece fazer parte de uma outra categoria de coisas, distinta da natureza material. Só não se sabe bem que tipo de coisas seriam essas, que definem a categoria à qual a mente pertence. Refletir um pouco mais acerca da natureza da mente pode ser de bastante utilidade para alguém que deseja experimentar a meditação. A mente é a principal ferramenta para a meditação, mas traz consigo, também, uma instabili-dade intrínseca, que certamente deve ser considerada o principal obstá-culo que se levanta contra o sucesso do meditador.

Faz muito tempo que a natureza da mente e dos fenômenos e ações mentais fascina e incomoda os pensadores de todo o mundo. A Cultura Sânscrita traz vários testemunhos desse fascínio, que nos dão respostas bastante interessantes para a pergunta ‘*o que é a mente?*’ Mas, antes de avançar por esse caminho, a prudência manda consultar os dicionários para ver o que eles dizem acerca da mente.

Para definir a mente, os dicionários não são muito substantivos. É fácil encontrar definições vagas e evasivas, como "*o **elemento** ou **complexo de elementos** em um indivíduo que sente, percebe, pensa, delibera e, sobretudo, raciocina*", ou "***fonte** da atividade psíquica e intelectual*". Nota-se que essas definições não elucidam a natureza desse ‘elemento’ ou dessa ‘fonte’, aos quais se referem.

A literatura especializada, de caráter científico, descreve a natureza da mente de forma também evasiva, optando por explicá-la através da natureza de outras entidades menores. O neurocientista português António Damásio diz o seguinte:

"As mentes emergem quando a atividade de pequenos circuitos [de neurônios] é organizada ao longo de grandes redes de modo a compor estruturas momentâneas. As estruturas representam coisas e eventos localizados fora do cérebro, seja no corpo, seja no mundo externo, mas algumas estruturas representam também o próprio processamento de outras estruturas, no cérebro." [31]

Damásio fala por muitos de seus colegas quando qualifica a mente como um fenômeno emergente, derivado das momentâneas complexidades produzidas pelas conexões entre neurônios de nosso cérebro. Se não existe a formação de estruturas complexas para a passagem de cargas elétricas entre milhares ou milhões de células nervosas interconectadas em rede, a mente não se manifesta. Quando se forma a rede neuronal, a mente emerge e paira acima do Sistema Nervoso. Damásio acrescenta ainda:

"Nossa intuição nos diz que a atividade mercurial[32] e transitória da mente não tem extensão física. Eu acredito que esta intuição é falsa e pode ser atribuída às limitações do si-mesmo [self], quando desprovido de ajuda [da Ciência]." [33]

Embora sedutor em sua simplicidade, esse modelo científico da mente torna bastante improvável a existência da vontade própria. De acordo com suas postulações, todos os processos mentais emergem como subprodutos de determinadas ações biológicas, e são incapazes, portanto, de afetar intencionalmente o funcionamento biológico do corpo objetivo. Segundo esse modelo, que prevalece hoje no universo acadêmico, seria possível mapear os circuitos cerebrais que estão ativos no momento que ocorre uma determinada atividade mental, o que estabeleceria uma relação mútua (ou correlação) entre a atividade mental subjetiva e a atividade objetiva de determinado grupo de neurônios. Pesa a favor desse modelo o fato de que a correlação cérebro-mente vem sendo confirmada, pesquisa a pesquisa, enquanto um complexo mapeamento de circuitos neurais relacionados a

---

[31] Damasio, Antonio in "Self Comes to Mind". 2010. New York, Knopf Doubleday Publishing Group. Edição do Kindle. (pos. 362)

[32] 'Volátil' - referência à rapidez do deus romano Mercúrio.

[33] Obra citada. Pos. 312.

funcionalidades mentais bem definidas vai sendo construído – com a ajuda de novas tecnologias de imagem digital.

Há, no entanto, ao menos um evento mental para o qual parece não existir um correlato no cérebro: a experiência de primeira pessoa. Essa experiência duradoura, que persiste ao longo de toda a vida, e que nos dá um assento privilegiado para quaisquer outras experiências, é a responsável pela costura do eu ao corpo. A experiência de primeira pessoa dá à mente uma profundidade muito especial que ultrapassa tudo o que o pensamento científico foi capaz de oferecer, até hoje, como explicação para a sua natureza.

É claro que existem pessoas que 'resolvem' o problema por meio da negação, atribuindo à consciência uma existência ilusória. Esta é, por exemplo, a opinião de Daniel Dennett, um filósofo e cientista da cognição (pela Universidade Tufts – EUA), que diz, no início de um de seus livros:

"Nos capítulos que se seguem, eu vou tentar explicar consciência. Mais precisamente, explicarei os vários fenômenos que compõem o que chamamos consciência, mostrando como eles todos são efeitos físicos das atividades do cérebro, como essas atividades evoluíram, e como elas dão origem a ilusões acerca de seus próprios poderes e propriedades."[34]

Dennett se esforça por explicar que a mente, a consciência e o 'eu' são apenas alucinações do cérebro que ajudaram o ser humano, no processo da evolução biológica, a resistir à tentação de comer sua própria mão, quando oprimido pela fome. Uma proposição aceitável apenas para quem gosta desse gênero de retórica. Para o resto do mundo, não há, ainda, uma teoria científica que explique satisfatoriamente a experiência de primeira pessoa. Nesse ponto estamos cientificamente desamparados.

O assunto da consciência será retomado mais adiante, no capítulo 9. Por agora é melhor abandonar as opiniões modernas e retornar para a Cultura Sânscrita, que oferece alguns caminhos de reflexão muito antigos, como aqueles que foram apresentados ao tratar da pessoalidade do Puruṣa. Vejamos se ela pode ensinar algo mais sobre a experiência de primeira pessoa, esse fenômeno que dá significação vivencial para as percepções, e intencionalidade para as ações.

Para se chegar ao conceito sânscrito da mente, é preciso saber alguma

---

[34] Dennett, Daniel C. "Consciousness Explained" 2017, New York, Little, Brown and Company, Kindle Edition. (pos. 404) – obra de 1991

coisa acerca de um poder misterioso do qual a mente participa, de alguma forma. A tradição sânscrita acredita na existência desse poder natural capaz de interferir nos sinais que trafegam pelos caminhos do sistema nervoso, trazidos pelos órgãos de percepção, introduzindo em nosso sistema um 'eu', desfrutador da experiência. Esse poder é chamado de *Cit*, e está diretamente relacionado ao si-mesmo, ou *ātmā*. Em razão de sua poderosa presença, se abre para a mente a perspectiva de primeira pessoa. Sāyaṇa Mādhava Ācārya, um erudito indiano do século XIV, em sua análise sobre o sistema filosófico proposto nos Yoga Sūtras por Patañjali, resume esta força de Cit em poucas palavras:

"A força do desfrutador é a força de Cit, se diz. Ela é apenas o (próprio) si-mesmo." [35]

A força de Cit (*cicchakti*), ou a força de Citi (*citiśakti*[36]), é o resultado e o testemunho da interferência direta do Puruṣa, ou seja, do si-mesmo na Natureza material. Ela se manifesta como um arrasto de informações que se deslocam pelo corpo, como *pratyakṣas* (estímulos sensoriais) ou *vikalpas* (estímulos imaginários) em busca de alguma significação. É o Puruṣa quem oferece a significação (*puruṣārtha*) para essas informações brutas, estabelecendo assim o fenômeno seminal para a construção da linguagem. A atuação de Cit, como se pode ver, é a responsável pela organização da vida subjetiva das criaturas, resultando na formação da mente (o antaḥkaraṇam), seu principal instrumento.

Nesse contexto, a mente pode ser definida como o espaço subjetivo dentro do qual Cit faz surgir a luz da consciência (*cetanam*). A atividade que ocorre no espaço subjetivo da mente é, ao mesmo tempo, uma atividade material da Prakṛti e uma ação direta do Puruṣa. É essa mesma a natureza das palavras, onde se combinam a face objetiva dos sons da fala ou dos sinais gráficos, e a face subjetiva dos significados. Assim como a palavra não existe sem seus dois componentes feitos de naturezas tão diferentes, a mente também não existe sem que haja a integração do corpo objetivo com o si-mesmo subjetivo.

Da força de Cit nasce o *sphoṭa*, a explosão do significado, um fenômeno linguístico que nos permite compreender o que dizem as palavras. O sphoṭa conecta o discurso de segunda ou de terceira pessoa à consciência

---

[35] Sarva Darśana Saṁgraha 15.19 e 15.20
[36] Esta é a forma utilizada por Patañjali – Yoga Sūtras 4.34.

de primeira pessoa. Essa mesma explosão dos significados, na mente, revela as características pessoais únicas que definem a identidade de um indivíduo, e atribuem intencionalidade às suas ações. A força de Cit revela ainda, permeando o tecido inteligente das palavras, a evidência da presença de um si-mesmo no outro, no interlocutor. Isso faz surgir a segunda pessoa verbal, o 'tu' que habita na outra ponta da comunicação.

A palavra '*cittam*', adotada por Patañjali para designar a mente, deriva da palavra 'Cit' – tomada como raiz verbal para expressar a ação de 'entender', 'estar ciente'. Muitas outras palavras do Sânscrito têm sido traduzidas como equivalentes a mente, trazendo alguma confusão para a compreensão do processo da meditação. No entanto, na literatura sânscrita que trata da meditação, apenas as palavras *antaḥkaraṇam* (literalmente: 'instrumento interno') e *cittam* se enquadram mais adequadamente como equivalentes de 'mente'. Um termo mais antigo, '*manas*', é usado às vezes como sinônimo de cittam ou antaḥkaraṇam, embora seja mais apropriadamente descrito como apenas um dos componentes da mente, conforme veremos um pouco adiante. Patañjali utiliza apenas cittam e não faz qualquer referência a antaḥkaraṇam, nem tampouco Vyāsa em seu comentário aos Sūtras do Yoga. É possível que na época de Patañjali a expressão antaḥkaraṇam não tivesse recebido ainda o sentido técnico que a tornou equivalente a cittam, na literatura da meditação.

Na literatura do Yoga, a mente é chamada de antaḥkaraṇam por Svātmārāma[37], em meados do século XIV. Antes disso, no século XI, Gorakṣanātha, na Siddha Siddhānta Paddhati, descreve as características do antaḥkaraṇam, dizendo que ele é formado por cinco componentes: buddhi, ahaṁkāra, manas, cittam e caitanyam[38]. Note que nessa obra em particular cittam foi convertido em um simples componente do antaḥkaraṇam. Em outros textos, porém, cittam é apresentado como um sinônimo do antaḥkaraṇam. Em 1896, Swāmi Vivekānanda informa sua concordância com uma identidade parcial entre o antaḥkaraṇam e cittam, quando ele diz, em seu comentário aos Sūtras do Yoga:

"Os órgãos (Indriyas), junto com a mente (Manas), a faculdade determinativa (Buddhi), e egoísmo (Ahaṁkāra), formam o grupo chamado Antaḥkaraṇa (o instrumento interno). Eles são apenas variados processos

---

37 Haṭha Yoga Pradīpikā, versos 2.28 e 4.99
38 Siddha Siddhānta Paddhati, nos versos 1.43 a 1.48

na substância mental, chamada chitta.” [39]

Bem antes disso, no início do século IX, Ādi Śaṁkarācārya já afirmava que cittam é o antaḥkaraṇam em seu comentário ao verso 4.21 da Bhagavad Gītā. Ele sugere que a mente é o instrumento pelo qual o si-mesmo pode se manifestar no corpo material, como *bhūtātmā*:

“(...) quanto à expressão ‘cittātmā’, ‘cittam’ é o antaḥkaraṇam (o instrumento interno), e ‘ātmā’ é o agregado externo (corporal) dos instrumentos de ação. (...)” [40]

Īśvara Kṛṣṇa, no século IV, antecede Śaṁkara nessa visão da mente como instrumento interno[41]. Gauḍapāda, no início do século VIII, explica que o antaḥkaraṇam é composto por três princípios: buddhi, ahaṁkāra e manas[42]. A Sāṁkhya Kārikā, em seu verso 30 (e respectivo comentário por Gauḍapāda), explica que o antaḥkaraṇam trabalha integrando seus três componentes com cada um dos órgãos de percepção para processar as informações fragmentadas trazidas pelos órgãos sensoriais para o espaço subjetivo da mente. Cada um dos três componentes da mente oferece uma contribuição específica para a dinâmica das atividades mentais:

a) Manas cria conexões entre os diversos fragmentos que trazem informação sensorial, e os relaciona a outras informações que possam ser trazidas para o processo de construção dos pensamentos. É provavelmente a manas que Patañjali se refere quando utiliza o termo *‘bandhakāraṇam’* (‘agente amarrador’) no sūtra 3.39. De fato, é a manas que deveríamos creditar a responsabilidade pela categorização das ideias que povoam a mente. É ele que, dentro de limites flexíveis, elabora nossas preferências, nossos desejos e nossas aversões, aplicando rótulos (nem sempre corretos) às experiências.

b) A contribuição do ahaṁkāra consiste essencialmente em ajustar o movimento das informações rotuladas por manas, de maneira que apontem para o si-mesmo, ou para que gravitem ao seu redor, criando a noção de ‘eu’ ou ‘meu’. Com a sua ajuda,

---

[39] “Complete Works of Swami Vivekananda”, volume 1, “Raja Yoga”, “Patanjali’s Yoga Aphorisms”, “Chapter I. Concentration: Its Spiritual Uses”, comentário ao sūtra 1,2 (pos. 2673)

[40] Bhagavad Gītā Bhāṣya 4.21

[41] Sāṁkhya Kārikā 33

[42] Sāṁkhya Kārikā Bhāṣya 33

também, a mente se capacita para se apropriar de pensamentos alheios, fazendo que pareçam seus.

c) Buddhi acrescenta inteligência ao pensamento, articulando-o de forma coerente e preparando ele para receber e incorporar a significação oferecida pelo Puruṣa (*puruṣārtha*). Essa significação expressa a pessoalidade única de cada indivíduo pensante.

Esses três componentes do antaḥkaraṇam somados ao si-mesmo conduzem novamente à quadruplicidade da pessoa pensante. Só que desta vez observada através da estrutura dos componentes da mente como instrumento interno, de conformidade com a descrição oferecida pela doutrina do Sāṃkhya. Mas não é esse o ponto que merece atenção, agora.

O Yoga Sūtra Bhāṣya Vivaraṇa é outra obra que toma por certa a identidade de cittam com o antaḥkaraṇam. Ali, no comentário ao sūtra 2,6, por exemplo, a mente (*antaḥkaraṇam*) é referida como uma ferramenta (*upakaraṇam*) para o Puruṣa. O comentário de Vyāsa ao mesmo sūtra diz:

"O Puruṣa é a força da pura visão (dṛś), e buddhi é a força da visão na experiência (darśanam) (...)." [43]

A mente nada vê, de fato, pois não é dotada dessa capacidade. Ela apenas processa e transporta informações que coleta junto aos órgãos sensoriais, ou que produz para si mesma usando da imaginação. A mente não é o si-mesmo, mas é a única ferramenta que tem a capacidade de conduzir até o si-mesmo a essência (*sattvam*) da percepção, para que ele (o *sākṣī*) veja. Daí a importância da mente para a meditação: só ela pode assegurar a entrega da percepção ao Puruṣa, que é o único desfrutador (*bhoktā*) da experiência.

A mente deve estar permanentemente conectada ao Puruṣa, a quem ela serve, pois ela é o conduto principal da força da percepção (*citiśakti*), responsável por trazer essa força para dentro do tecido da Natureza. A literatura sânscrita da meditação informa que a mente precisa manifestar a qualidade *sattvam* para que se estabeleça uma conexão funcional sua com o Puruṣa. Se a qualidade predominante nas atividades da mente for *tamas* ou *rajas*, ela perde sua serenidade e passa a manifestar condições que limitam a sua capacidade de servir ao Puruṣa.

---

[43] Yoga Sūtra Bhāṣya 2.6

No próximo capítulo será feito um breve exame dessas condições que dificultam, ou mesmo impedem a mente de cumprir sua missão primária. Vamos ver como essas falhas no sistema transformam a mente em uma fonte de problemas, quando deveria ser a fonte de todas as soluções.

8. Falhas no Sistema

A mente é uma ferramenta fantástica, provida de uma diversidade de recursos para o processamento de informações. Se toma por certa a sua disponibilidade funcional em todos aqueles momentos nos quais seja necessário avaliar situações para a tomada de decisões. É digna de confiança sua capacidade de ordenar as informações recebidas, identificar perigos ou desafios e encontrar soluções para tudo, rapidamente. A confiança que se deposita na mente torna a vida serena e confortável, amparada por uma sensação de previsibilidade e segurança.

Por trás dessa confiabilidade da mente, no entanto, um perigo oculto espera pelo meditador. Em meio às suas inúmeras capacidades, há uma que pode trazer consequências muito graves, e que pode representar uma ameaça à integridade física e ao equilíbrio subjetivo da própria mente. Sua capacidade de perceber as possibilidades de conexão entre os objetos do mundo externo pode conduzi-la a um sentimento de inadequação ou não-pertencimento. Espremida entre a imaterialidade do si-mesmo e a robusta materialidade do corpo objetivo, ela não encontra para si mesma um domínio que lhe corresponda apropriadamente. A mente não é de todo material, sem chegar a ser também imaterial, porque ela nem sequer existe como uma entidade autônoma, independente por si mesma. O instrumento interno, com todas as suas capacidades e fraquezas, existe apenas como resultado da integração de duas naturezas aparentemente inconciliáveis, a natureza material e a imaterial. A mente depende de ambas para ganhar uma existência que se revela ao mesmo tempo real e ilusória.

Talvez estejamos agora diante da maior falha do nosso sistema interno de processamento de informações. Incapaz de se identificar com a natureza material, e da mesma forma incapaz de se identificar com a natureza imaterial, a mente oscila como um pêndulo, ora se aproximando do comportamento passivo e inerte da matéria (qualidade 'tamas'), ora se aproximando da sutil perenidade dos entes imateriais (qualidade 'sattvam'). Tomada pela predominância da qualidade 'rajas' da Natureza, a mente se mantém em equilíbrio instável, movendo-se continuamente entre aqueles dois polos (tamas e sattvam). Sua vida passa a ser desconfortável, caracterizada pela opressão da polaridade, e isso faz surgir na mente o *desejo* pelo silêncio, pela integração e pelo assentamento (*prasādanam*). Esse desejo pode parecer benigno e inofensivo, mas tudo o que vem do desejo tem poder suficiente para conduzir a mente a um comportamento sombrio, sobre o qual Kṛṣṇa adverte Arjuna:

"O homem que pensa (com) os objetos (materiais) cria um apego por eles. Do apego se cria um desejo, e do desejo surge a raiva. Da raiva surge a fantasia (ilusão). Da fantasia, a confusão na memória. Da confusão de memórias vem a perda da inteligência. Por causa da perda da inteligência (esse homem) desaparece." [44]

O desejo (*kāma, icchā* ou *rāga*) é um inimigo difícil de se perceber, pois ele se oculta dentro de nós, nas entrelinhas de pensamentos que nós mesmos elaboramos, como uma justificativa para que ele se fortaleça. A mente iludida é conduzida ao erro por pensamentos que ela mesma concebe, usando algumas de suas próprias capacidades, como a inventividade ou a imaginação. Assumindo uma atitude passiva e acomodada (tamásica), apropriada apenas para o corpo material, a mente pode facilmente abandonar sua posição de instrumento interno do Puruṣa para se tornar um adversário do si-mesmo. Kṛṣṇa diz, um pouco adiante:

"Deve-se elevar o si-mesmo por si mesmo, não se deve enfraquecer o si-mesmo. O si-mesmo é o único aliado de si mesmo e o único adversário de si mesmo." [45]

O verso acima trabalha com um jogo de palavras no qual se chama pelo mesmo apelativo, '*ātmā*', tanto a mente (*Jīvātmā*, o si-mesmo de uma vida) quanto o si-mesmo mais elevado (*Paramātmā*). Essa fala de Kṛṣṇa destaca a importância de se elevar a mente para que alcance a leveza e a sutileza do Paramātmā. Vê-se nesse verso a verdadeira essência da meditação, que se resume em conquistar e preservar um estado no qual a

---

[44] Bhagavad Gītā 2.62 e 2.63
[45] Bhagavad Gītā 6.5

mente, elevando-se até o domínio do si-mesmo, se converte em sua fiel aliada. Essa conquista, porém, precisa vir acompanhada de uma série de pequenas vitórias sobre dificuldades que são inerentes ao processo.

Patañjali, em seus sūtras do yoga, enuncia algumas dessas dificuldades que a mente encontra ao longo de sua caminhada para se tornar uma ferramenta para o Puruṣa. Para simplificar os ensinamentos de Patañjali, podemos considerar que ele identifica pelo menos três falhas no funcionamento da mente que pedem uma atenção especial do meditador. A primeira delas é a tendência da mente para encontrar ou criar atitudes limitadoras (*antarāyas*), às quais se entrega em prejuízo de sua própria capacidade de ação. A segunda falha é sua tendência a duvidar da intuição, o que traz perturbações (*kleśas*) para suas atividades, com prejuízo para a qualidade de suas decisões. A terceira falha é a tendência natural da mente para se distrair, ancorada em objetos externos, no curso de suas atividades. Essas três falhas resultam no enfraquecimento da pessoalidade, se não forem corrigidas. Os Yoga Sūtras, entre outras obras sânscritas, descrevem sucintamente essas falhas e apontam quais são as medidas que o meditador deve adotar para não ser afetado negativamente na realização de suas práticas.

Patañjali apresenta uma lista com nove limitadores (*antarāyas*), que são as atitudes assumidas pela mente, quando está tomada pela qualidade 'tamas'. Eles produzem condições impeditivas à meditação: doença, apatia, hesitação (insegurança), torpor, inatividade, desinteresse, divagação, realização imprópria e instabilidade[46]. As causas que produzem esses limitadores podem ser as mais variadas, mas o resultado que eles produzem é um só: procrastinação.

Procrastinação é o adiamento de tarefas importantes por razões insignificantes ou por nenhuma razão. Suas variadas causas quase sempre se sustentam no medo de agir ou no desejo pela inação, em especial pelo apego a uma vida passiva e preguiçosa, livre do senso de responsabilidade. A procrastinação que nos interessa combater, no entanto, não é o adiamento de qualquer tarefa, mas o adiamento daquelas ações que têm o potencial de expressar nossa natureza, e de nos reconectar com o si-mesmo interno, o Īśvara. Essa procrastinação é a pior de todas porque nos afasta de nosso centro. Enfraquece nossa livre vontade e nos prende cada vez mais aos objetos externos do desejo. Drena nossa força, empobrece nosso

---

[46] Yoga Sūtras 1.30

prāṇa, inviabiliza nossa presença de espírito. Enfim, só atrapalha a vida do aspirante à prática da meditação.

Para resistir a esse tipo de procrastinação precisamos reencontrar a fonte de motivação interna e adotar uma postura ativa que nos permita ajustar, disciplinadamente, os nossos verdadeiros focos. Patañjali diz que para evitar as atitudes limitadoras é preciso exercitar uma única natureza (*ekatattvam*)[47]. Isso dá firmeza e assentamento à mente, tanto em seu foco externo, objetivo, quanto em seu foco interno, meditativo. Referindo-se ao foco externo, ele nos dá a seguinte informação, que facilita a compreensão do que é o assentamento da mente (*cittaprasādanam*):

"Ou então provém da meditação (dhyānam) naquilo que é desejável." [48]

Esta é uma excelente dica prática que Patañjali oferece para ajudar a eliminar os limitadores da mente. Meditar tendo por objeto aquilo de que gostamos é, de fato, muito mais estimulante. A mente se alegra e se entusiasma quando o assunto é justamente aquilo que se pode chamar de 'vocação' do meditador. Ela sai do conforto ilusório da imobilidade para se estabelecer em uma nova zona de conforto fundada na atividade. Vyāsa amplia o entendimento desse ponto ao comentar aquele sūtra:

"Deve-se meditar apenas naquilo que é desejável. Tendo alcançado estabilidade ali, a estabilidade é (mais facilmente) obtida em outro objeto, também." [49]

Patañjali também se refere ao foco interno da meditação, dizendo que os limitadores desaparecem quando a mente se entrega ao comando do Īśvara. De fato, dizem os sūtras, falando do Īśvara como presença interna, que se manifesta quando o yogui pronuncia a sílaba mística 'Om':

"Daí vem a introversão da consciência e a dissolução dos limitadores (antarāyas)." [50]

Tendo em vista que o Īśvara tem a capacidade de dissolver os antarāyas, solucionando assim o problema da procrastinação, torna-se do maior interesse entender melhor quem, ou o quê, é o Īśvara e onde se pode encontrá-lo. Felizmente, não é preciso procurar muito para encontrar

---

[47] Yoga Sūtras 1.32
[48] Yoga Sūtras 1.39
[49] Yoga Sūtra Bhāṣya 1.39
[50] Yoga Sūtras 1.29

referências bastante esclarecedoras. Kṛṣṇa, na Bhagavad Gītā, dá as seguintes dicas para Arjuna:

"O Īśvara se assenta na região do coração de todas as criaturas." [51]

"Mesmo sendo o si-mesmo (ātmā) imutável, não nascido, mesmo sendo o senhor (Īśvara) das criaturas, tendo me apoiado na própria Natureza (Prakṛti), me manifesto (no mundo) por meio da minha própria força de criação." [52]

Esses dois trechos da Gītā deixam bem claro que o Īśvara é o si-mesmo que reside no coração. É no coração, portanto, que deve ser colocado o foco interno da meditação, lembrando que, segundo a Māṇḍukya Upaniṣad esse é o espaço ocupado pelo si-mesmo mais elevado, chamado Prājña – relacionado ao inconsciente e à intuição (*prajñā*). Com o foco externo apontado para a vocação, e o foco interno apoiado na intuição do Īśvara, podemos passar para uma outra falha da mente, que também dificulta seu bom funcionamento.

No início dos Yoga Sūtras, mais precisamente no sūtra 1,5, Patañjali menciona um grave problema quando diz que as atividades da mente podem ocorrer de duas maneiras distintas, perturbadas ou não perturbadas. Ele guarda o assunto para depois, e só vai retornar a esse raciocínio no começo do segundo capítulo de sua obra. Apesar da complexidade do tema, Patañjali consegue resumi-lo de forma clara e simples:

"As perturbações (do funcionamento de cittam) são: falta de sabedoria (avidyā); egoidade (asmitā); desejo (rāga); aversão (dveṣa); e busca por pertencimento (abhiniveśa). A falta de sabedoria é o campo onde crescem as demais perturbações, (...)." [53]

Patañjali afirma aqui que a mente passa a funcionar de modo perturbado quando a falta de sabedoria se manifesta, trazendo consigo as demais perturbações. Precisamos aprender mais acerca da falta de sabedoria, se queremos eliminar as perturbações da mente. Patañjali segue com sua explicação, no sūtra seguinte, descrevendo a falta de sabedoria como uma forma equivocada de experimentar o mundo:

"Falta de sabedoria é a experiência da eternidade, da pureza, do bem-

---

[51] Bhagavad Gītā 18.61
[52] Bhagavad Gītā 4.6
[53] Yoga Sūtras 2.3 e 2.4

estar e do si-mesmo naquilo que é perecível, impuro, desagradável e im-próprio ao si-mesmo.” [54]

A obra 'Yoga Vāsiṣṭha' oferece uma descrição similar de uma mente perturbada pela falta de sabedoria. Vasiṣṭha explica para o príncipe Rāma que a mente perturbada...

“... faz o breve se tornar longo, coloca falsidade naquilo que é verda-deiro, sente doçura no que (na verdade) é amargo, faz ver amizade no inimigo.” [55]

Voltando a Patañjali, o conteúdo do sūtra citado pode levantar uma dúvida que é conveniente elucidar. A falta de sabedoria é a condição na qual se chega a este mundo? Ou essa perturbação acomete as pessoas no curso da vida? Nascemos sábios? Ou nos tornamos sábios somente como resultado de um esforço intencional? Para responder, pode-se recorrer mais uma vez a um comentário de Vyāsa, que diz o seguinte:

“As perturbações são cinco distorções (viparyayas) [da mente].” [56]

Com isso ele deixa evidente que a falta de sabedoria e as demais per-turbações são criadas pela própria mente. Quando nasce, a mente já está pronta para expressar a sabedoria que herdou do Puruṣa, mas, por alguma razão ela perde essa condição privilegiada. A condição natural da mente, portanto, é a sabedoria, e ao perder essa condição ela mergulha no sofri-mento. Mas Patañjali revela uma saída:

“A causa do (sofrimento) que deve ser evitado é a união (saṁyoga) entre aquele que vê e aquilo que é para ser visto.” [57]

Para evitar o sofrimento é preciso eliminar a sua causa, ou seja, a união entre aquele que vê e aquilo que é para ser visto. Dito dessa maneira, parece como se o simples ato de ver alguma coisa já fosse causar sofri-mento, o que nos parece improvável, tendo em vista a natureza libertadora da meditação. É preciso aprofundar um pouco mais os conceitos do que vê e do que é visível. O comentário de Vyāsa nos ajuda a entender melhor o que são os dois componentes dessa união indesejável:

“Aquele que vê (draṣṭā) é o Puruṣa, o observador da inteligência

---

[54] Yoga Sūtras 2.5
[55] Yoga Vāsiṣṭha 3.110.20
[56] Yoga Sūtra Bhāṣya 2.3
[57] Yoga Sūtras 2.17

(buddhi). O que deve ser visto são todos os estados (dharmas) que afetem a inteligência sáttvica." [58]

Note que, de acordo com Vyāsa, o Puruṣa não vê objetos materiais, mas apenas sua representação essencial, sáttvica, construída por buddhi no cenário interno da mente. O que é de fato experimentado pelo Puruṣa é tão somente a imagem subjetiva de cada objeto. Essa experiência corresponde a dhyānam, a visão meditativa da significação do objeto, que se expressa como intuição (prajñā). Se essa visão do Puruṣa for perturbada pela agitação da qualidade rajas, em especial aquela produzida pelo desejo, a experiência resultante será desprovida de sabedoria. Diz a Gītā:

"Este desejo, esta ira, que vem à existência pela qualidade 'rajas', grande consumidor (da mente), grande condutor ao erro, saiba que ele é o inimigo, neste mundo." [59]

Podemos ver que o problema aqui é a qualidade natural ('guṇa') que predomina na mente, que pode ser limitadora (com tamas), agitadora (com rajas) ou serena e sutil (com sattvam). Conforme a qualidade que prevaleça na mente, o teatro sáttvico que será apresentado à visão do Puruṣa poderá estar sujeito às perturbações de rajas, ou à imobilidade de tamas, em maior ou menor escala. Na continuação do seu comentário, Vyāsa pondera:

"(...) de onde se tira (a conclusão de) que sattvam é o incomodado por rajas, o incomodador? Do fato que a ação de incomodar tem a natureza de um fazer (que é a característica mais marcante de rajas). O incômodo (produz efeito) na ação de sattvam, não no imutável e inativo Kṣetrajñā ('conhecedor do campo', o Puruṣa). No entanto, (se) em sattvam chega o incômodo proveniente da experiência objetiva, então o Puruṣa que acessa essa visão é incomodado, também."

Podemos ilustrar essas afirmações de Vyāsa lembrando que a mente pode ser entendida como um instrumento (upakaraṇam) do Puruṣa. Para cumprir sua tarefa, o instrumento precisa estar em boas condições. Se for um instrumento musical, por exemplo, e estiver desafinado, o artista certamente vai desafinar em sua apresentação. Ninguém vai dizer que é o instrumento que está desafinado, mas sim que o artista está desafinado. A meditação é também uma arte, e a mente é o instrumento dessa arte. É responsabilidade exclusiva do meditador manter sua mente bem afinada aos

---

[58] Yoga Sūtra Bhāṣya 2.17
[59] Bhagavad Gītā 3.37

comandos do si-mesmo.

Vejamos agora, resumidamente, qual é a solução de Patañjali para eliminar as perturbações que afetam as atividades da mente. No sūtra 2,11 ele postula o uso de dhyānam, a meditação, para destruir a ação dessas perturbações. Seu método para eliminar as perturbações concentra esforços no combate à falta de sabedoria – a raiz de todas as demais perturbações. A descrição desse método é retomada a partir do sūtra 2,23:

> *"A união da força própria (da mente) com a força do senhor (svāmī) é o que possibilita a obtenção (pela mente) de sua forma autêntica. A causa (dessa união) é avidyā (a falta de sabedoria). Da inexistência de avidyā decorre a destruição (do aspecto perturbado) dessa união. Isso é o isolamento da visão. O método para eliminar (avidyā) é uma experiência (khyāti) continuada, provida de discernimento. Seu ponto de chegada, de sete maneiras diferentes é a intuição."* [60]

Patañjali diz aqui que a falta de sabedoria é o que dá origem à união entre a mente e o Puruṣa. Se não fosse assim, apenas os iluminados teriam a capacidade de 'ver' o mundo com a mente, pois só o Puruṣa tem a visão de primeira pessoa. Na verdade, as pessoas que têm a mente perturbada pela falta de sabedoria usam essa união da mente com o Puruṣa para desfrutar da vida. Já os sábios, livres de avidyā, usam essa união para ter sempre seu próprio dharma iluminando sua mente. O trecho abaixo, extraído do comentário de Vyāsa, ajuda a esclarecer esse ponto:

> *"O senhor, o Puruṣa, está unido ao que deve ser visto (ou seja, o espaço interno da mente) por ele mesmo, com a finalidade de (obtenção da) experiência (darśanam). A partir dessa união, a obtenção (da experiência) do que deve ser visto é o desfrute. Mas a obtenção da forma autêntica daquele que vê é a emancipação."* [61]

Patañjali e Vyāsa estão dizendo, nos trechos citados acima, que a união do Puruṣa à mente perturbada é produzida pela falta de sabedoria. Essa mesma união, mas com a mente livre de perturbações, tem um papel a cumprir no processo de transformação da mente. Essa união viabiliza o desfrute subjetivo do mundo, assim como viabiliza também a aquisição, pela mente, das características próprias de sua pessoalidade (svarūpam – a *forma autêntica daquele que vê*). Isto significa que quando se busca a

---

[60] Yoga Sūtras 2.23 a 2.27
[61] Yoga Sūtra Bhāṣya 2.23

autenticidade – e essa é justamente a mais marcante característica da meditação – é possível eliminar a falta de sabedoria e as demais perturbações de um jeito especial: com discernimento (*viveka*). O discernimento bloqueia espontaneamente comandos externos que tentem se impor à mente do meditador, ao mesmo tempo que fortalece a conexão da mente a seu Puruṣa especial, o Īśvara[62].

A relação do Puruṣa com a mente que dá expressão a ele se faz através de buddhi, a inteligência perceptiva, mas só é possível quando a inteligência está purificada, ou seja, recolhida aos domínios do si-mesmo. Fazendo referência a isso, Vyāsa acrescenta o seguinte comentário:

"É comum a todos os Puruṣas a união às qualidades da Natureza (guṇas). O que há de especial nesse assunto é a união da consciência interna (pratyakcetanam) à sua própria inteligência (svabuddhi)." [63]

O discernimento tem a capacidade de desativar todas as formas de inteligência imprópria que estejam obstruindo o acesso da mente ao seu comandante interno, deixando livre apenas a inteligência própria do meditador. Essa desativação se faz pela eliminação das vāsanās – pensamentos derivados de estímulos externos, hábitos ou memórias – deixando a mente livre para se relacionar com as informações sensoriais com o mesmo encantamento (da sabedoria) de uma criança. Vyāsa conclui:

"Não é verdade que o simples recolhimento da inteligência (buddhi) é a libertação (mokṣa)? O recolhimento da inteligência surge da eliminação das razões para não ver. E essa incapacidade de ver, própria do agente amarrador, desaparece diante de uma visão verdadeira. Nesse caso, a libertação é o simples recolhimento (nivṛtti) da mente (cittam)." [64]

A visão verdadeira (*darśanam*) é aquela visão não sensorial, da qual o Puruṣa desfruta. Por essa razão ele é chamado de draṣṭā – *aquele que vê*. Essa visão é o fundamento da experiência de primeira pessoa e, na literatura sânscrita é idêntica a *prajñā*, a intuição. O caminho proposto por Patañjali para eliminar as perturbações da mente é a eliminação da falta de sabedoria. Isso se faz através do fortalecimento do discernimento, que conduz a uma vida pautada pela intuição.

A intuição é uma visão interna que somente se manifesta quando a

---

[62] Yoga Sūtras 1.24
[63] Yoga Sūtra Bhāṣya 2.23
[64] Yoga Sūtra Bhāṣya 2.24

mente está recolhida aos domínios da subjetividade. E aqui Patañjali percebe mais uma falha do sistema operacional da mente: sua teimosa tendência à distração, fugindo do recolhimento. Não é à toa que ele define o yoga, logo no início dos seus Sūtras, como *"o recolhimento das atividades da mente"*. Sua proposta tem por finalidade colocar a atenção a serviço do meditador, no seu devido lugar, ou seja, no núcleo central da mente. Vyāsa se apressa a destilar esse tema já no seu comentário ao primeiro sūtra, dizendo:

> *"Yoga é samādhi. Essa é, também, a condição natural (dharma) da mente (cittam) em qualquer de seus estágios. Os estágios da mente são: fora de si (kṣiptam), confusa (mūḍham), distraída (vikṣiptam), focada (ekāgram) e recolhida (niruddham)."* [65]

'Samādhi' significa, literalmente, 'colocação junto de si'. Ele designa um esforço interno da mente que aproxima e integra o corpo ao Puruṣa, fazendo que ambos se tornem, para todos os efeitos, um só. Trata-se de um esforço contínuo da mente, qualquer que seja o estágio de concentração em que ela se encontre. Por isso Vyāsa declara que samādhi é yoga, uma vez que ambos são sinônimos para meditação, ou seja, o ajustamento do eu ao si-mesmo. Depois disso ele afirma que o samādhi nos três primeiros estágios da mente, ou seja, quando ela está afetada por algum grau de distração, é um samādhi que não tem qualquer serventia para o yoga. O samādhi sem foco não tem a força necessária para elevar a mente.

Seguindo a lógica de Vyāsa, a mente que se eleva é aquela que alcança o estágio de maior introversão, niruddham. Será que o movimento de elevação da mente é, para o meditador, um movimento para dentro? Essa elevação poderia resultar de uma busca do recolhimento? A resposta é sim. Dentro do espaço mágico e subjetivo da mente a direção que aponta para cima aponta também para dentro e para o centro. Referências ao movimento de elevação da mente são encontradas em toda parte, na literatura sânscrita. A Śvetāśvatara Upaniṣad, por exemplo, diz no seu verso 2,2:

> *"Com uma mente ajustada, nós [estamos], no impulso do deus Savitā, com a força para alcançar o mundo celestial."*

A Śvetāśvatara Upaniṣad apresenta nos dezessete versos de seu segundo capítulo os rudimentos doutrinários do processo da meditação, ou seja, o Yoga. A presença do deus Savitā neste verso não é acidental. Seu

---

[65] Yoga Sūtra Bhāṣya 1.1

nome significa 'estimulador' e ele representa a força que carrega a mente para o alto, 'em direção ao céu' ('*suvargeya*'). Sāyaṇa, um celebrado comentador da tradição védica, explica que 'Savitā' é o nome que se dá ao Sol quando ele está oculto abaixo da linha do horizonte. Por essa razão, seu calor se irradia a partir da terra, abaixo, elevando-se em direção ao céu.

O mais importante e mais sagrado verso de toda a tradição védica, o Gāyatrī mantra, trata desse mesmo assunto, o que demonstra a enorme importância que a literatura védica dá à elevação da mente, que acontece ao longo do processo da meditação. Alguns sacerdotes hindus sustentam, fundamentados nas tradições de suas linhagens iniciáticas, que esse verso resume o conteúdo de todos os mais de dez mil outros versos do Ṛg Veda. Diz o Gāyatrī mantra:

"Meditemos naquele ardor desejável do deus Savitā. Que ele possa impulsionar os nossos pensamentos." [66]

O impulso do deus Savitā estimula os pensamentos do meditador a se moverem para o alto, para bem longe da terra. O mundo material, com todos os seus estímulos, arrasta a mente para o domínio dos desejos, fazendo-a se distrair de seus propósitos mais elevados. Ao se dirigir para o alto, a mente se interioriza e se afasta dos objetos externos e seu foco pode se fixar no espaço interior. Cabe ao meditador a tarefa de preparar a ferramenta, que é a mente, para o uso do verdadeiro artífice, que é o eu que habita em nosso coração.

A força que carrega a mente para fora de seu espaço interno é o desejo. Ele cria vínculos fortes que 'amarram' a mente a objetos percebidos, produzindo uma ilusão de necessidade. A mente não é uma entidade por si mesma, pois sua existência depende da existência do corpo e do Puruṣa, que por meio dela são integrados. Sua natureza parece dual, como se uma parte dela fizesse parte do corpo e a outra estivesse contida no si-mesmo, mas essa dualidade só existe porque a mente é a ponte que integra essas duas entidades e faz das duas uma só. Uma das upaniṣadas descreve a natureza dual da mente, e dá a razão que pode conduzi-la a um comportamento inadequado:

"Se diz que a mente (manas) é dual: pura e impura. Impura, ela é motivada pelo desejo; pura, ela é livre do desejo. A mente é a única causa do aprisionamento e da libertação dos seres humanos. Ela é designada

---

'aprisionadora' quando está fortemente apegada aos objetos, e 'libertadora' quando desprovida de objetos." [67]

A dualidade da mente é definida pela sua relação de dependência ou independência em relação aos objetos de sua atenção externalizada. Movida pelo desejo, a mente usa sua capacidade de construir explicações e justificativas para se sentir confortável com cada opção que ela adota. O discernimento, portanto, precisa ser bom o suficiente para que o meditador seja capaz de enxergar as verdadeiras razões que estão motivando suas decisões. Não é fácil vencer as capas retóricas elaboradas pela mente, quando ela é agitada pelo caráter rajásico dos desejos. É preciso mobilizar uma boa dose de desapego somado a um tanto de disciplina. Kṛṣṇa declara para Arjuna:

"Sem dúvida, ó Mahābāhu, a mente é agitada e difícil de se conter, mas com disciplina e desapego, ó Kaunteya, ela é contida." [68]

Patañjali repete a mesma fórmula, nos Yoga Sūtras:

"O seu recolhimento (das atividades de cittam) advém da disciplina e do desapego" [69]

Isso nos dá um bom esclarecimento acerca do significado de 'elevar a mente', que pode ser traduzido como 'conduzir a mente para dentro de si mesma'. Removida de sua escravidão ao desejo, a mente se assenta no espaço subjetivo que a literatura sânscrita localiza no coração, e ali encontra a paz e o discernimento próprios do estado sáttvico.

A mente elevada ou interiorizada é aquela que se aproxima do Puruṣa, tornando-se sua imagem e semelhança no mundo natural. Isso é algo que ela só consegue fazer quando suas atividades se aplicam àquilo que há de essencial em sua natureza autêntica. A mente, se considerada apenas como 'manas', é incapaz de fugir à sua dualidade inata. Ela precisa se integrar ao ahaṁkāra e à buddhi, as duas portas pelas quais o Puruṣa e a Prakṛti têm acesso aos domínios um do outro – integração essa que dá origem ao antaḥkaraṇam, ou seja, a mente em seu sentido pleno.

Para compreender essa relação sutil da mente com o Puruṣa vamos tratar, no próximo capítulo, do mistério da consciência.

---

[67] Brahma Bindu Upaniṣad, frases 1 e 2
[68] Bhagavad Gītā 6.35
[69] Yoga Sūtras 1.12

9. A Consciência

A conturbada ligação que a mente constrói entre o corpo objetivo e o Puruṣa dá oportunidade a muitas falhas, como vimos no capítulo anterior. São falhas que perturbam o funcionamento de todo o sistema psíquico, e a principal dessas perturbações é avidyā – a falta de sabedoria. Uma das indicações de que avidyā está atuante é *experimentar a sensação do si-mesmo onde ele não existe de fato*. Neste capítulo vamos tentar explicar de que maneira essa 'falha' pode ter sido a razão pela qual somos capazes de desfrutar de experiências conscientes. E para entender como isso é possível, precisamos checar o quanto conhecemos acerca daquilo que chamamos de 'consciência'.

Consciência é um conceito que aceitamos genericamente como se já estivesse bem resolvido e assim nos esquivamos da árdua tarefa de atribuir a ele uma definição. O filósofo Jaegwon Kim descreve para nós com bastante clareza essa percepção 'instintiva' acerca do que é estar consciente:

> *"'consciente' é apenas uma outra palavra para dizer 'desperto' ou 'perceptivo', e nós sabemos o que é estar desperto e perceptivo – despertar do sono, de uma anestesia geral ou de uma perda temporária de consciência causada por um trauma na cabeça, e recuperar a percepção do que está acontecendo dentro e ao redor de nós."* [70]

Essa noção genérica que temos acerca da consciência delimita o assunto em certa medida sem, no entanto, esclarecê-lo. O real significado de 'consciência' se espreme em um canto semântico obscuro de nossa mente,

---

[70] Kim, Jaegwon. Philosophy of Mind. Taylor and Francis. Edição do Kindle. (pos. 5830-5832)

a partir do qual acena de modo vago para aqueles que se aventuram na tentativa de desvendá-lo. Cientistas, filósofos e poetas buscam, sem alcançar um consenso, as palavras certas para dar à consciência uma definição adequada. Mas mesmo sem conseguir descrevê-la com a precisão desejada, criamos a convicção de que ela desempenha um papel indispensável para a nossa existência, como bem explica Jaegwon Kim:

"A maioria de nós estaria inclinada a acreditar que, para todos os efeitos, uma pessoa que perdeu permanentemente a capacidade da consciência já não está mais entre nós. Isto sugere que a consciência possa ser uma pré-condição para a mentalidade e para a pessoalidade – que qualquer criatura com mentalidade precisa ser um ente consciente." [71]

Apesar da evidente importância da consciência em nossa vida, tudo o que encontramos sobre ela no pensamento moderno, até quase o final do século XX, são apenas definições evasivas criadas por filósofos ou cientistas com a aparente intenção de varrer o problema para baixo do tapete. A Era da busca sistemática por uma definição clara para a consciência se iniciou acidentalmente em 1994, com uma conferência organizada pelo médico anestesista Stuart Hameroff na Universidade do Arizona (EUA). Entre os conferencistas estava o filósofo australiano David Chalmers, então com apenas 27 anos, que apresentou uma inesperada (e brilhante) definição para o problema da consciência. Ele disse apenas que é relativamente fácil encontrar os correlatos físicos para a quase totalidade dos eventos mentais, exceto para o fenômeno da consciência. Por essa razão, reconhecer que a consciência é o único 'problema difícil' nesse campo de conhecimento seria o primeiro passo para chegar a uma formulação correta das características do seu objeto de estudo. Isso permitiria aos pesquisadores iniciar uma caminhada segura rumo à sua solução. Nas palavras do próprio David Chalmers:

"O problema realmente difícil da consciência é o problema da experiência. (...) Há uma concordância geral de que a experiência surge de uma base física, mas não temos uma boa explicação para o porquê e o como ela surge assim. Por que razão processos físicos deveriam dar origem a uma rica vida interior, afinal? Objetivamente, não parece razoável que devessem fazer isso, mas ainda assim, o fazem." [72]

---

[71] Kim, Jaegwon. Philosophy of Mind. Taylor and Francis. Edição do Kindle. (pos. 5834-5836)

[72] Chalmers, David J.. The Character of Consciousness (Philosophy of Mind) (p. 5).

"Consciência é o maior mistério. Este pode ser o maior e mais persistente obstáculo em nossa busca por uma compreensão científica do universo." [73]

O simples reconhecimento da dificuldade inerente à questão da consciência constituiu um enorme avanço para os pesquisadores desse campo do conhecimento. O mistério da consciência continua muito longe de estar resolvido e o grau de dificuldade de sua formulação teórica não é menor, hoje, do que era antes de 1994. Essa redefinição da abordagem apenas deu aos pesquisadores um novo norte, uma direção pela qual poderiam orientar com segurança seus esforços de modo a manter em foco o verdadeiro núcleo da questão. A partir de 1994 as pesquisas sobre a consciência passaram a contar com o respeito da comunidade científica e dos filósofos, e desde então muitas teses interessantes têm sido oferecidas para o debate acadêmico.

Isso resume de modo bastante abreviado o cenário moderno da pesquisa no campo da consciência. Nos interessa agora saber como esse assunto tão difícil de se estudar foi abordado pela literatura sânscrita da meditação. Selecionamos algumas referências colhidas em upaniṣadas e outros textos, que declaram a existência de três estados de consciência e afirmam que é preciso estar consciente para existir, e ainda estabelecem a dependência da consciência em relação ao si-mesmo (ātmā).

Começamos por um trecho bem conhecido da Bṛhadāraṇyaka Upaniṣad, recitado pelo sacerdote (*prastotā*), encarregado de fazer a abertura dos cânticos, no ritual. Aqui ele representa a mente atemorizada diante da ideia da inexistência, fazendo este pedido para o si-mesmo:

"Da inexistência me faça ir para a existência. Da treva me faça ir para a luz. Da morte me faça ir para a imortalidade." [74]

O canto segue explicando que 'inexistência' e 'treva' são o mesmo que 'morte', e que 'existência' e 'luz' são o mesmo que o estado de imortalidade. A existência real, aquela que vem junto com a imortalidade, é um atributo do si-mesmo, apenas. Para poder desfrutar desse mesmo atributo, a mente precisa consorciar-se com o ātmā, o si-mesmo, mas antes ela precisará se

---

Oxford University Press. Edição do Kindle.

[73] Chalmers, David J.. The Conscious Mind (Philosophy of Mind) (p. xi). Oxford University Press. Edição do Kindle.

[74] Bṛhadāraṇyaka Upaniṣad 1.3.28

transformar na versão materializada do Puruṣa. É justamente aqui que se mostra importante aquela 'falha' a que nos referimos no início deste capítulo. Para a mente 'se transformar' no Puruṣa, é preciso que haja uma mudança de mentalidade, um ato de fé por meio do qual a mente assume as qualidades do objeto de sua atenção, ainda que esse objeto seja de uma natureza inacessível para ela, como é o caso do si-mesmo. Trata-se de uma pequena farsa, uma ilusão que se apoia naquela falha do funcionamento da mente, que a faz enxergar o si-mesmo onde ele não está de verdade. Mas não há outra maneira pela qual possam se enlaçar as perspectivas da mente e do si-mesmo, senão por meio da grande ilusão (mahā māyā), a fonte original do universo material. Diz Kṛṣṇa, na Bhagavad Gītā:

"Mesmo sendo o si-mesmo (ātmā) imutável, não nascido, mesmo sendo o senhor das criaturas, tendo me apoiado na própria Natureza, me manifesto (no mundo) por meio da minha própria ilusão (ātmamāyā)."[75]

"Os desprovidos de inteligência pensam que eu, o não manifestado, caí na manifestação, sem que conheçam minha natureza suprema, imutável, insuperável. Eu não estou visível para todos, oculto por yogamāyā. Este mundo iludido não me reconhece como o imutável não-nascido. Eu conheço todos os seres que já se foram e aqueles que estão vivendo agora, ó Arjuna, e todos os que estão ainda por vir. No entanto, ninguém me conhece." [76]

A grande força da ilusão que produziu o mundo, produziu também a consciência quando viabilizou a possibilidade de ser percebido o 'eu' neste universo onde, a rigor, só é possível ver o 'outro'. Essa mágica se torna possível porque a mente, movida pela fé ('*śraddhā*', literalmente: 'o ato de colocar o coração'), assume a forma daquilo em que acredita. Isso inclui a sua relação com o eterno si-mesmo, a quem a mente deve a própria existência:

"Inexistente se torna aquele que pensa que Brahma é inexistente. Aquele que pensa que (ele próprio) é Brahma, esse é percebido como existente, pelos demais. Aquele que é o si-mesmo corporificado (ou seja, a mente), pertence a esse que vem do passado (ou seja, o Puruṣa)." [77]

A última sentença acima se repete outras vezes na mesma upaniṣad, fato que sugere que seu conteúdo é muito importante. Ela indica que a

---

[75] Bhagavad Gītā 4.6
[76] Bhagavad Gītā 7.24 a 7.26
[77] Taittirīya Upaniṣad 2.6

mente deve se submeter aos comandos do Puruṣa, que não está sujeito a transformações produzidas pelo tempo. Ela nos faz lembrar de duas frases dos Sūtras de Patañjali tratando da natureza do Īśvara, que declaram:

"O Īśvara é um Puruṣa especial (...), é também o guru dos antigos por não ser limitado pelo tempo." [78]

Essas declarações estão em uma parte dos Yoga Sūtras que postula a necessidade de a mente entregar seu comando ao Īśvara, o que, para alguns estudiosos do Yoga significa uma entrega devocional a Deus. Mas o Īśvara está descrito como um *'Puruṣa especial'*, justamente por corresponder àquela instância individual do Puruṣa, que é o si-mesmo (*ātmā*) ao qual a mente precisa se conectar e se subordinar com a finalidade de se alcançar a existência plena. Ao longo do processo de integração entre ambos o universo vem à luz e nasce a consciência, pois a mente se torna um espelho no qual o Puruṣa, no papel do si-mesmo, vislumbra sua própria existência. O trecho abaixo trata justamente da criação do universo a partir da descoberta do si-mesmo por si mesmo:

"No começo deste mundo existia apenas o si-mesmo, na forma do Puruṣa. Tendo ele examinado (o mundo ao seu redor), não viu outros si-mesmos. Diante desse fato, ele declarou: 'Aquele sou eu' (so'ham asmi). Assim surgiu a palavra 'eu'." [79]

Se a mente estiver desconectada desse Puruṣa especial ela se torna incapaz de experimentar a consciência, que é a perspectiva peculiar do 'eu'. Entregue a ele, submissa aos seus comandos, ela se torna seu instrumento, ela passa a ser o espaço subjetivo e o cenário para o teatro da consciência. O espaço oferecido pela mente é bastante útil, certamente, mas somente a presença do Puruṣa torna possível a consciência e a construção do conhecimento nesse espaço, como nota Patañjali:

"Lá (no Īśvara) está a insuperável semente de todo conhecimento." [80]

A semente do conhecimento é também a semente da consciência, que a presença do Īśvara coloca no centro de nossa vida subjetiva, na posição da primeira pessoa, o 'eu'. Tal como acontece no reino vegetal, a partir do 'eu-semente' a mente cresce e frutifica, reafirmando a sua existência. Na Bhagavad Gītā é Kṛṣṇa quem personifica o si-mesmo e o Īśvara. Por isso ele

---

[78] Yoga Sūtras 1.24 e 1.26
[79] Bṛhadāraṇyaka Upaniṣad 1.4.1
[80] Yoga Sūtras 1.25

diz *"eu sou a consciência (cetanā) das criaturas"* [81]. Consciência (*saṁvid* ou *cetanā*) é a condição na qual experimentamos o mundo na posição de sujeito, ou seja, como *Uttamapuruṣa*, a primeira pessoa verbal. Experiências como sentir uma dor, tomar uma decisão, perceber uma cor, apreciar o sabor de um doce são impossíveis de se compreender senão vivendo, ou seja, experimentando como uma pessoa que sente, pensa, e está presente e perceptiva.

A consciência é uma condição que se manifesta na mente exclusivamente quando se estabelece uma conexão coerente entre aquilo que o si-mesmo experimenta com a sua visão (*dṛśi*) e aquilo que há para ser visto (*dṛśyam*) no palco interno da mente. Essa conexão é o samādhi, de acordo com o que diz a Haṭha Yoga Pradīpikā:

> *"O sal lançado na água se mistura e a ela se iguala, por causa do ajustamento (yoga). Da mesma forma, a unidade do si-mesmo com a mente (manas) é chamada samādhi."* [82]

O samādhi, de acordo com a opinião de Vyāsa, é a condição natural da mente e se apresenta com algumas variações, conforme vimos no capítulo anterior. A consciência, por sua vez, é um fenômeno totalmente dependente da existência do samādhi e, como ele, também se manifesta com gradações. A consciência pode variar de conformidade com a precisão e estabilidade de seu foco subjetivo, assunto que será tratado no capítulo 16.

A consciência pode variar também em estado (*sthānam*). Três desses estados de consciência são reconhecidos pela Māṇḍūkya Upaniṣad e chamam-se: *jāgarita sthānam* (estado desperto) que corresponde à consciência corporal; *svapna sthānam* (estado de sonho) que corresponde à consciência mental; e *suṣupti sthānam* (estado de sono profundo, sem sonhos) correspondente à consciência do si-mesmo que se aloja no espaço interno do coração. Este último estado é erroneamente traduzido como a completa inconsciência quando, na verdade, é o estado no qual somos capazes de perceber o mundo da mesma maneira que o si-mesmo. Desse modo percebemos essencialmente as significações do Puruṣa, que se projetam na forma de intuições sobre a tela mental. Esse é o único modo pelo qual somos capazes de encontrar o si-mesmo que se oculta no centro de nosso ser. A aparição do si-mesmo na mente é descrita desta forma, na Muṇḍaka Upaniṣad:

---

[81] Bhagavad Gītā 10.22
[82] Haṭha Yoga Pradīpikā 4.5

"Não é capturado pelo olhar, nem tampouco pela voz, nem por outros órgãos (devas), pela austeridade ou pelo ritual. Porém, a mente sáttvica purificada, com o movimento de informações acalmado, em meditação vê o indiviso. Esse si-mesmo diminuto pode ser conhecido pela consciência ali onde entrou o prāṇa quíntuplo. A mente (cittam) é o espaço entretecido pelos prāṇas, em cuja área purificada aparece esse si-mesmo." [83]

O que acontece quando o si-mesmo aparece nesse espaço mágico? A consciência se manifesta, diluindo-se pelos três estados (vigília, sonho e sono profundo), ajustando-se à nossa personalidade e construindo nossa visão de mundo. Tudo isso devemos à grande força de Māyā – a ilusão que ilumina nossa mente com a presença do Puruṣa, a pessoa cósmica.

A aparente contradição que encontramos aqui, que faz da consciência um produto da ilusão, nos faz lembrar de pesquisadores materialistas modernos, como Daniel Dennett, que oferecem uma explicação parecida para a consciência. Por não conseguirem resolver a mente e a consciência em termos materiais, optam por negar sua existência. Alegam que são apenas ilusões, epifenômenos decorrentes do funcionamento dos neurônios. Um acidente evolutivo da Natureza, nada mais. Mas isso os obriga a considerar ilusórios, também, a intenção e o livre julgamento, porque todas as ações que acreditamos serem deliberadas são, pela lógica materialista, apenas o produto pré-determinado de funções e processos neurológicos. E a nossa vontade seria apenas uma alucinação do cérebro que o ilude para fazê-lo acreditar que está no comando dos seus atos.

A cultura sânscrita, no entanto, propõe a existência de uma força de vontade (*icchāśakti*). Ela estaria conectada ao funcionamento da mente (manas) e teria a capacidade de introduzir alterações no determinismo da natureza material. Vamos tratar desse assunto no último capítulo deste livro. Apenas antecipamos essa breve referência aqui para deixar registrado o fato de que a vontade é real, de conformidade com a tradição sânscrita. Ela é o desejo do Paramātmā. Quando atendida, a vontade do si-mesmo preenche a vida com o supremo sentido (Paramārtha), que equivale à presença de Deus no meditador, na forma do entusiasmo. Assim, é possível afirmar que, pelo ponto de vista dos textos sânscritos, sem uma livre e verdadeira deliberação a meditação não se realiza.

---

[83] Muṇḍaka Upaniṣad 3.1.8 e 3.1.9

A consciência é sustentada pelo espaço subjetivo da mente (*hṛddeśa*) dentro do qual se fundem as percepções de terceira pessoa (*dṛśyam*) com a visão de primeira pessoa (*darśanam*). A consciência não existe fora desse espaço. Ela também não existe se faltar qualquer um de seus dois componentes – o eu sujeito e a ideia objeto. O que a meditação faz é assegurar que esses dois componentes estejam presentes e conectados para viabilizar não apenas a manifestação da consciência, mas também de sua mais notável consequência: a experiência vivencial, assunto do próximo capítulo.

10. A Experiência

A consciência é o fenômeno que nos habilita para abrir os olhos da mente e conhecer o mundo, mas, ironicamente, ela própria é invisível. Não é possível observar a consciência. Sabemos de sua existência apenas porque desfrutamos de seus recursos a cada momento, quando sentimos o aroma agradável de flores, quando vemos as cores nos objetos ao nosso redor, quando sentimos o calor do Sol em nossa pele, e em tantas outras situações que vivemos no momento que passa. Esse *viver*, por meio do qual vai sendo posta em funcionamento nossa maneira pessoal de tomar consciência do mundo, é o que chamamos de 'experiência'. Somente alguém dotado de consciência é capaz de viver a experiência. Neste capítulo vamos refletir sobre a experiência como um dos componentes do processo da meditação. Como sempre, vamos procurar saber de que forma a literatura sânscrita da meditação, em especial o Sāṁkhya, introduz esse conceito em suas doutrinas.

A palavra sânscrita mais utilizada para dizer 'experiência' é *anubhava*. É um termo usual, que foi empregado regularmente desde o período védico e manteve esse significado até hoje. *Anubhava* deriva da raiz verbal *'bhū'* (ser, existir, tornar-se), dotada de grande plasticidade semântica. Sua capacidade de expressão pode ser notada no parágrafo abaixo, extraído da Praśna Upaniṣad, que trata do si-mesmo:

"Aqui, no sono, este deus experimenta (anubhavati) a grandiosidade. Segue a visão daquilo que já foi visto. Vai atrás de ouvir aquilo que já foi ouvido. Experimenta repetidamente (pratyanubhavati) o que já foi experimentado (pratyanubhūtam) de novo e de novo, por diversos lugares e direções. O visto e o não-visto, o ouvido e o não-ouvido, o experimentado (anubhūtam) e o não-experimentado (ananubhūtam), e o existente

Nota-se aqui a versatilidade do conceito de experiência, expresso com a palavra anubhava e algumas de suas variações. Essa palavra abarca a experiência subjetiva da mente e a experiência sensorial do corpo como se fossem a mesma coisa. As duas, nesse exemplo, estão resolvidas na visão interna, o *darśanam*. Isso é conveniente para uma poesia, mas é inadequado para uma doutrina filosófica que quer estabelecer uma clara distinção entre a percepção do órgão sensorial e a experiência de primeira pessoa. O que o si-mesmo vê, foi visto antes pelos olhos e em seguida pela mente, que converteu a informação visual em uma imagem visível para o si-mesmo. Por isso, segundo aquela upaniṣad, o si-mesmo 'vê' o que foi visto pelos olhos do corpo ou pelo olho da mente, mas 'vê' também o que estes outros não viram: a perspectiva de primeira pessoa. O olho vê, mas não entende o que foi visto. A mente vasculha a memória em busca de imagens similares àquela que vê, e encontra uma posição que pareça adequada para dar à visão um contexto e uma maior 'visibilidade', mas é incapaz de lhe atribuir uma significação. Mas, como o evento cósmico de um 'buraco negro' atrai toda a matéria que está ao seu redor, o 'olhar' do Puruṣa atrai para si toda a essência informativa daquela visão (darśanam), e, ao mesmo tempo, projeta sobre ela o seu sopro de significação – que revela a maneira como ele, com seu entendimento, experimentou a visibilidade do objeto que viu.

A experiência traduzida pela palavra 'anubhava' serve para denominar o que os olhos viram, o que a mente viu e o que o Puruṣa viu, embora as três visões sejam conceitualmente distintas na Cultura Sânscrita. O Puruṣa enxerga o objeto como uma totalidade e, ao mesmo tempo, atribui a ele uma significação que o recorta do cenário de forma única, que jamais se repete. Assim, para dar um exemplo bem simples e ilustrativo, imagine que os olhos viram um céu cinzento e chuvoso, e a mente se lembrou que hoje é o aniversário de um parente querido, associando a isso pensamentos opostos, de felicidade e de tédio. Com essas informações à sua disposição o Puruṣa pode projetar sobre elas uma significação de 'dia feliz' ou 'mau tempo' ou 'desconforto', conforme seja o destaque que ele mesmo queira dar a uma informação ou à outra. Com sua significação, o Puruṣa procura expressar os verdadeiros sentimentos que passam pela mente, ainda que a mente queira se iludir, acreditando em um sentimento diferente desses.

---

[84] Praśna Upaniṣad 4.5

Então não é a mente que determina o caráter da experiência única desfrutada pelo Puruṣa. O que regula essa experiência do Puruṣa é o discernimento, viveka, uma capacidade que só o Puruṣa tem para separar o falso do verdadeiro. A experiência com discernimento é a única que contribui efetivamente para o sucesso da meditação, justamente por ser a única que demanda a presença do Puruṣa. O mestre Patañjali certamente se deu conta disso, pois foi procurar no vocabulário da doutrina do Sāṃkhya um termo técnico para denominar a experiência à qual se refere a doutrina do Yoga, limitando-se apenas àquela experiência que conta com a presença significadora do si-mesmo. Sua busca teve sucesso.

O sábio a quem se atribui a criação da filosofia Sāṃkhya, Kapila Muni, jamais compôs qualquer escritura. Ele apenas viveu de acordo com os princípios que ensinava, e compartilhou suas descobertas com um discípulo, chamado Āsuri, que também praticou o Sāṃkhya em sua vida diária. Āsuri, por sua vez, ensinou os segredos da doutrina a um aluno dedicado, Pañcaśikha Ācārya[85], que compôs a obra original do Sāṃkhya, hoje perdida, que recebeu o título 'Ṣaṣṭitantram' – 'a teoria dos sessenta (conceitos)'. Algumas frases dessa obra felizmente sobreviveram para nossa leitura na forma de citações em outros textos, entre os quais figuram os comentários de Vyāsa aos Yoga Sūtras de Patañjali. Uma dessas frases de Pañcaśikha aparece no comentário ao sūtra 1.4, e a partir dela será possível examinar o conceito de experiência que Patañjali encontrou no Sāṃkhya. A frase, citada por Vyāsa diz o seguinte:

> *"Ekam eva darśanam khyāty eva darśanam."* [86]
> *"Existe apenas uma visão. Apenas a experiência é a visão."*

A palavra *khyāti* é outra palavra usada (com menos frequência) para designar a experiência pessoal, ou seja, a maneira única como cada um vê o mundo no momento presente, servindo-se do 'olhar' (darśanam) da mente. Essa maneira de ver as coisas determina a maneira pela qual uma pessoa vive sua vida, e orienta o entendimento e o juízo que ela constrói acerca de si mesma e acerca dos outros. A experiência inclui a captura e o armazenamento de informações que são convertidas em conhecimento vivencial (jñānam) ou intelectual (vijñānam) assim que ganham uma significação do si-mesmo. A mente (manas) agrega, por sua própria conta, um senso de evidência a esses conhecimentos. Isto significa que a informação

---

que seja obtida através da experiência é tratada pela mente como uma informação verdadeira, ainda que não o seja.

Para o meditador, confiar cegamente nas informações originadas de uma impressão subjetiva em sua mente é demonstração de falta de sabedoria, e pode representar uma ameaça ao bom resultado de sua meditação. Mas não se pode apenas desconfiar de tudo e tentar construir uma experiência baseada em uma montanha de dúvidas. Uma visão de mundo respeitável vai estabelecer a sabedoria (vidyā) como sua principal coluna de sustentação. Por essa razão, Patañjali acrescenta à experiência um importante ingrediente de segurança: o discernimento (viveka). Ele utiliza nos seus Sūtras a expressão viveka-khyāti – a experiência com discernimento – para descrever esse antídoto contra a falta de sabedoria:

"O método para eliminar (a falta de sabedoria) é (manter) uma experiência continua, provida de discernimento. Seu termo limite, de sete maneiras diferentes, é a intuição. Na destruição das impurezas, decorrente da prática dos (oito) componentes do yoga, (se vê) o brilho do conhecimento vivencial (jñānam) que vem da experiência com discernimento (viveka-khyāti)." [87]

É assim, com esse arrazoado sobre a natureza da experiência, que Patañjali introduz seu famoso método dos oito componentes. Antes mesmo de fazer isso, no mesmo capítulo Patañjali já havia definido com clareza e simplicidade o que é a falta de sabedoria:

"Falta de sabedoria é a experiência (khyāti) da eternidade, da pureza, do bem-estar e do si-mesmo naquilo que é perecível, impuro, desagradável e impróprio ao si-mesmo." [88]

Com essa assertiva, Patañjali reconhece a existência de dois tipos de experiência, que se contrapõem: a experiência sábia e a experiência sem sabedoria. A diferença entre elas é a presença do discernimento, o fator determinante de uma melhor qualidade dos pensamentos e das informações produzidos a partir de cada experiência. Viveka, o discernimento, só se manifesta quando há entendimento, que é um atributo exclusivo do Puruṣa. A meta final da meditação, que é o fortalecimento da presença interna do Puruṣa, só pode ser obtida através do exercício continuado da experiência com discernimento. Parece que Patañjali encontrou aqui uma

---

peça-chave para desobstruir o percurso do processo da meditação, pois ele mesmo diz:

"O conhecimento (jñānam) nascido do discernimento é libertador (tāraka), alcança tudo, de todas as maneiras, e não está sujeito à marcha do tempo." [89]

Nada escapa ao conhecimento construído com a ajuda do discernimento. Ele é libertador porque protege a mente contra a ilusão e a falta de sabedoria, conduzindo-a para o território da intuição, dentro do qual o Puruṣa pode se expressar. A palavra 'tāraka', traduzida acima por 'libertador', significa, literalmente, 'aquele que faz a travessia'. Essa travessia é uma referência poética à transição libertadora da consciência, que abandona a perspectiva de terceira pessoa para alcançar a condição superior da consciência em primeira pessoa (Uttamapuruṣa). Essa transição de perspectiva, sem a qual a meditação é impossível, torna-se completa apenas quando o discernimento está presente, no momento do desfrute da experiência pessoal.

Patañjali afirma, na frase 4,29 dos Yoga Sūtras que alguém que constantemente desfruta de *experiências com discernimento* alcança o samādhi da nuvem do dharma (*dharmamegha*). O comentário vivaraṇa de Śaṅkara a esse sūtra explica o nome dado a este samādhi da seguinte maneira:

"Ele é chamado 'Nuvem do Dharma' porque a partir dele chove o dharma supremo do kaivalyam."

A palavra 'dharma' mais uma vez é utilizada para designar as condições que dão sustentação para um determinado estado da mente, neste caso, o kaivalyam. Imagine um samādhi, ou seja, uma conexão entre a mente e o Puruṣa, em condições ideais, com plenitude. Esse é o kaivalyam, a experiência-meta da meditação, que no entendimento de Patañjali só é viabilizada pela presença do discernimento. É justamente essa sua proximidade com o samādhi que torna a experiência com discernimento – *viveka khyāti* – um componente importante dentro do processo da meditação. Quanto mais discernimento houver na experiência, mais pessoal ela se torna, e maior é a qualidade da consciência e do samādhi resultantes.

É desejável, portanto, acrescentar discernimento à experiência, para dessa maneira obter os melhores resultados da meditação. Isso acontece

---

[89] Yoga Sūtras 3.55

naturalmente quando se cultiva na mente a condição 'sattvam', pois a mente sutilizada estreita com mais facilidade os seus laços com o Puruṣa. As características da mente sáttvica são descritas abreviadamente em uma parte do Mahābhāratam chamada Anu Gītā:

"Felicidade, amorosidade, nobreza, luminosidade, bem-estar, ausência de pobreza de espírito, não-impulsividade, contentamento, confiança, perdão, firmeza, não-violência, coerência, autenticidade, honestidade, supressão da fúria, supressão da inveja, limpeza, habilidade e destemor." [90]

O trecho citado faz parte dos ensinamentos passados pelo deus Brahmā para grandes sábios em busca da libertação final. Praticar com dedicação e entusiasmo essas qualidades sáttvicas é o mesmo que praticar e fortalecer o discernimento. Como resultado dessa prática, a mente fica mais translúcida para o olhar do Puruṣa e mais receptiva às suas significações. Em suma, o fenômeno da consciência apenas abre uma janela na mente para o Puruṣa, mas o que acontece quando o Puruṣa espia por essa janela e se dá conta de alguma coisa que está no 'lado de fora', é o que se chama de 'experiência'. Quando a experiência está acompanhada de discernimento, se ativa o potencial libertador do si-mesmo e se alcança o objetivo da meditação – o kaivalyam.

A opção de Patañjali pela palavra khyāti para nomear a experiência que conta com a participação do Puruṣa não o faz descartar a utilização do termo anubhava, quando o assunto é, por exemplo, a 'experiência' da percepção sensorial de objetos. É o que se vê no sūtra 1,11, que descreve uma das atividades da mente, a memória:

"Memória é a retenção do objeto percebido (anubhūta)." [91]

Esta frase serve também para ilustrar uma outra diferença entre a experiência e a mera percepção. A percepção se fundamenta no objeto percebido, que pode ser descrito com relativa facilidade para uma outra pessoa, enquanto a experiência remete apenas ao sujeito que observa, o 'eu'. A experiência pode apenas ser vivida, nunca compartilhada, pois não existe linguagem capaz de representar sua natureza inefável. Nem pode ser modificada, pois não tem partes, não é articulada. É tão somente um entendimento não-verbal que, uma vez adquirido, nunca mais se altera,

---

[90] Mahābhāratam 14.38.2 e 14.38.3 (edição Parimal)
[91] Yoga Sūtras 1.11

tornando-se um alicerce sobre o qual os pensamentos podem se assentar e se articular.

Os pensamentos convertem parcialmente as experiências para formatos articulados, que podem ser traduzidos para variadas formas de expressão, em especial as Artes. Por isso os pensamentos podem ser compartilhados com outras pessoas, carregando consigo pequenas porções das experiências indescritíveis, sobre as quais eles se assentam. O pensamento será o assunto do próximo capítulo.

11. O Pensamento

Vālmīki, autor do poema épico Rāmāyaṇam, compôs uma outra obra, chamada Yoga Vāsiṣṭha na qual amplia uma das cenas do épico. No Yoga Vāsiṣṭha ele relata dezenas de narrativas contadas para o príncipe Rāma no contexto de sua iniciação na vida adulta. Uma delas conta as experiências vividas por um brāhmaṇe chamado Gādhi, que por uma graça do deus Bhagavān (Viṣṇu) pôde ver a grande ilusão que sustenta o mundo da manifestação – onde todos vivemos. Diante da perplexidade de Gādhi, que presencia cenas de uma vida passada como se estivessem realmente acontecendo diante de seus olhos, o Senhor Bhagavān explica:

"Ó Gādhi, é próprio (da ilusão) de quem rejeita sua natureza autêntica a consciência não conseguir enxergar (em si mesma) aquilo que a ilusão expansivamente vê (ao seu redor). Espaço, pedra, oceano, terra, as direções e tudo o mais, nada disso existe do lado de fora. Isso está apenas na própria mente (cittam), assim como uma grande quantidade de folhas está (latente) em cada broto. Tal como os frutos e tudo o mais alcançam a multiplicidade a partir do broto, da mesma forma a terra e tudo o mais alcançam a visibilidade externa a partir da consciência. Na verdade, a terra e tudo o mais estão na mente, jamais fora dela. O que está no broto, porém, é o germe que determina os destinos de cada fruto. É da natureza da mente consciente a ação no tempo certo, com atenção ao aspecto das formas (produzidas), tal como o poteiro que fabrica e (quando é preciso) destrói um pote. (...)" [92]

A explanação de Bhagavān se estende um pouco mais, mas o que ele diz nesse trecho já é o suficiente para inspirar uma reflexão acerca do

---

[92] Yoga Vāsiṣṭha 5.48.48 a 5.48.52

ponto que interessa a este capítulo: a natureza do pensamento. Nota-se com clareza, no texto reproduzido acima, o enquadramento da realidade externa na categoria de uma imagem subjetiva produzida pela mente. Tomada por uma ilusão da consciência, a mente ignora sua própria subjetividade e vê essas imagens como se estivessem do lado de fora. Dizendo de outra forma, a mente cria o mundo no qual ela própria estará imersa. O conceito de um mundo de ideias nos permite fazer um paralelo com o pensamento de Immanuel Kant, que diz, fazendo crítica a opositores do Idealismo filosófico:

> *"(...) eles não têm qualquer esperança de demonstrar de forma incontestável a realidade absoluta do espaço, porque a doutrina do idealismo está contra eles, de acordo com a qual a realidade dos objetos externos é incapaz de receber prova estrita. Por outro lado, a realidade do objeto de nosso senso interno (isto é, eu mesmo e meu estado interno) é clara imediatamente por meio da consciência. O anterior – os objetos externos no espaço – podem ser uma mera ilusão, mas esse último – o objeto de minha percepção interna – é inegavelmente real."* [93]

Seja pelo ponto de vista dos idealistas ocidentais, seja pela interpretação da cultura sânscrita, todo o panorama que vemos ao redor é constituído apenas por pensamentos. Qualquer que seja sua qualidade (ou confiabilidade), os pensamentos que produzimos são responsáveis por criar o cenário de nossas experiências e são a única realidade à qual temos acesso – uma realidade criada pela mente.

A diferença notável entre o ponto de vista ocidental e o da literatura sânscrita é que esta última atribui uma finalidade à construção desse mundo feito de pensamentos. Os poetas indianos afirmam que os pensamentos devem expressar fidedignamente a natureza autêntica do si-mesmo, dando ao Puruṣa visibilidade externa e interna. Ao mesmo tempo, o si-mesmo cumpre o papel do sujeito que desfruta dos pensamentos, como quem assiste a um filme interno, narrado em uma língua que só ele mesmo entende. Yājñavalkya diz para sua esposa Maitreyī:

> *"(...) Veja, minha senhora, o si-mesmo é o que há para ser visto, o que há para ser ouvido, o que há para ser pensado, o que há para ser meditado. Veja, Maitreyī, é pela visão do si-mesmo, pela audição do si-mesmo, pelo*

---

[93] Kant, Immanuel . Critique of Pure Reason (Annotated) . Edição do Kindle. (pos. 1294)

pensamento do si-mesmo, pelo conhecimento do si-mesmo que todo este mundo é conhecido." [94]

As palavras que designam o pensamento de maneira genérica são derivadas da raiz verbal *man*, pensar: *mati* é o pensamento e *mata* o que foi pensado. O sentido desse 'pensar' apontado pela raiz *man* é o de 'acreditar' ou 'supor' – referindo-se mais precisamente à tarefa de atribuir (ou adivinhar) um significado para a informação recebida. Não é à toa que o sanscritista britânico Monier-Williams traçou o parentesco linguístico entre a raiz sânscrita *man* e o verbo inglês *to mean*, 'significar'. Embora a significação seja produzida exclusivamente pelo Puruṣa, é a mente (*manas*) que a captura e lhe dá visibilidade na forma de um pensamento.

O pensamento tem grande plasticidade, e pode assumir muitos formatos diferentes, como o de uma imagem (*pratibhā*) ou de um som expressivo (*vāc*), de uma ideia (*pratyaya*) ou de um conhecimento (vijñānam). Os pensamentos são a produção primária da mente, e o que ela mais gosta de fazer. Tudo o que uma pessoa conseguir fazer objetivamente, ela terá modelado primeiro subjetivamente, com os pensamentos.

Além de ser o construtor do cenário e do mapa subjetivo do mundo, o pensamento é também o compositor do discurso interno da mente. Ele organiza a experiência pessoal e com ela constrói uma narrativa para dar suporte para as deliberações e para os atos. Essa voz que narra os pensamentos enquanto eles desfilam dentro da mente é artífice da nossa expressão – pois determina o modo pessoal pelo qual nos comunicamos. Tudo, no pensamento, diz respeito à comunicação e ao compartilhamento com os outros. Usando o pensamento somos capazes de encontrar e ocupar nossa posição na ordem externa do mundo. O pensamento também permite trilhar o caminho interno, que nos conduz à descoberta de nossas habilidades naturais, ou seja, de nosso dharma pessoal (*svadharma*). É fácil perceber como aprender a controlar o pensamento é importante para uma pessoa alcançar um estado de autenticidade meditativa, assim como para melhorar sua capacidade de se comunicar com outras pessoas e se integrar à comunidade.

É certo que a substância primária do pensamento é a experiência, mas só o pensamento pode ser compartilhado com outra pessoa. A experiência, um evento de primeira pessoa, precisa ser transformada em um

---

[94] Bṛhadāraṇyaka Upaniṣad 2.4.5

pensamento para que possa ser armazenada na memória. O pensamento faz dela um ativo que pode ser resgatado e compartilhado a qualquer momento. A experiência existe apenas no presente e não se pode controlá-la. Mas os pensamentos, quando armazenados na memória, podem ser reproduzidos e controlados. As memórias, por sua vez, são uma matéria prima secundária para a criação de outros pensamentos. O nome sânscrito para um pensamento derivado de memórias é *vāsanā*. Tratando justamente das vāsanās, diz Patañjali:

"A manifestação das vāsanās é exatamente da mesma qualidade dos resultados (de ações que as produziram). As vāsanās seguem em sucessão ininterrupta decorrente da sua identidade com as memórias e os hábitos, (ainda que) separadas (de sua origem) por nascimento, lugar ou tempo. E [as vāsanās] não têm início, porque seu apelo é permanente. [As vāsanās] são mantidas juntas por [relações de] causa, efeito, apoio e dependência, se não existem estas [condições], não existem [as vāsanās]." [95]

As vāsanās parecem, às vezes, pensamentos providos de vontade própria, especialmente quando são produzidas por memórias e hábitos dos quais, naquele instante, não estamos conscientes. Pode ser a memória de um sofrimento há muito esquecido, ou de um bem-estar ao qual nos apegamos, em algum momento do passado. Pode ser a lembrança de palavras ou atos afirmativos de nossa identidade pessoal ou social, ou pode ser apenas o eco de uma crença adquirida sabe-se lá quando. Convocadas por essas memórias, as vāsanās se apresentam e forçam a passagem para dentro do foco da atenção, atropelando o desejo de paz e tranquilidade do meditador. Mas as vāsanās não podem ser tratadas como alienígenas invasores de mentes, pois esses pensamentos que expressam hábitos mentais antigos são o produto de nossa própria biografia – desta vida e de vidas anteriores, segundo a Gītā, quando explica o que acontece com a mente do esforçado buscador do yoga:

"(...) ele consegue a conexão com sua inteligência da vida anterior e se esforça, a partir daí, em direção ao sucesso, ó Kuruṇandana. Mesmo sendo livre, ele é tomado por aquela disciplina anterior." [96]

Mesmo sem ser explícito, Kṛṣṇa seguramente se refere a uma 'vāsanā'

---

[95] Yoga Sūtras 4.8 a 4.11
[96] Bhagavad Gītā 6.43 e 6.44

quando fala de uma disciplina (um hábito) capaz de tomar a mente de uma pessoa, mesmo tendo sido criada em uma vida anterior. Repare na informação sobre a pessoa manifestar a vāsanā e continuar a ser livre, ou seja, ela não está obrigada a seguir aquele hábito que originou a vāsanā. Mas ela segue. Sua mente apenas aceita com naturalidade o comando correspondente à vāsanā e se entrega à tarefa de dar cumprimento a ele, sem qualquer reflexão. É preciso explicar, então, por que razão a mente é tomada pela disciplina associada a uma vāsanā, renunciando à sua liberdade. E a explicação para isso é muito simples: a mente aprecia o que é verdadeiro. A verdade (*satyam*) é a fonte do bem-estar da mente, segundo o Mokṣa Parva do Mahābhāratam:

> *"Assim, aquilo que é a verdade, isso é o dharma; aquilo que é o dharma, isso é a luz; aquilo que é a luz, isso é o bem-estar. Assim (também), aquilo que é a mentira, isso é a negação do dharma; aquilo que é a negação do dharma, isso é a escuridão (tamas); aquilo que é a escuridão, isso é o sofrimento."* [97]

A mente abomina o falso porque intuitivamente ela reconhece na mentira a fonte de muitos de seus sofrimentos. Então ela busca pela luz da verdade – *satyaprakāśa* – com a finalidade de obtenção do bem-estar perdido. Quando uma vāsanā recebe o foco da atenção da mente, ela brilha como uma evidência para o olhar interno, uma verdade qualificada, como diz a Bṛhadāraṇyaka Upaniṣad:

> *"(...) A visão é certamente a verdade! De fato, a visão é certamente a verdade!"* [98]

Como a visão da mente é capaz de enxergar apenas os seus próprios pensamentos, ela os toma por verdadeiros pelo simples fato de estarem ali, visíveis. E continuará acreditando neles até que alguma outra experiência a faça enxergar que ali há algo de falso, também. Isso não chega a ser um problema se pudermos filtrar as vāsanās, removendo delas os conteúdos falsos. Dentre os inúmeros pensamentos que fluem pela mente de uma pessoa comum, a maioria são vāsanās. É possível avaliar quais pensamentos são e quais não são vāsanās, seguindo alguns critérios bastante simples.

Um pensamento pode ser uma vāsanā: se é produzido com base em memórias; se antecipa uma possível ocorrência futura; se ocorre

---

[97] Mahābhāratam 12.190.5
[98] Bṛhadāraṇyaka Upaniṣad 5.14.4

habitualmente; se explica ou justifica alguma decisão passada, presente ou futura; se depende de opiniões ou ideias de outras pessoas; se é o produto do desejo de posse ou de desfrute de bens materiais ou imateriais; se produz tensões corporais; se tem por objetivo alcançar algum resultado; ou se é fruto de temor ou aversão.

Não é uma vāsanā: se a mente está calma, assentada; se refere-se ao momento presente ou é atemporal; se produz a integração espontânea de informações variadas; se não envolve esforços ou tensões corporais; se o sujeito apenas observa o pensamento sem interferir em sua dinâmica; ou se está acompanhado por um senso de felicidade interior (ānanda).

Para filtrar as vāsanās, basta seguir os critérios acima e assumir um compromisso sincero com a verdade. Isso se diz que é adotar o *satyavratam* – o voto de lealdade à verdade nas percepções, nos pensamentos, nas palavras e nas ações. O satyavratam é uma exigência fundamental para a meditação do Yoga, onde ele é um dos cinco componentes do mahāvratam (o grande voto), que Patañjali tomou emprestado do Jainismo e chamou pelo nome '*yama*':

> *"lá os yamas são a inofensividade (ahiṁsā), a autenticidade (satyam), não roubar (asteyam), dedicar-se ao aprendizado (brahmacaryam), e renunciamento (aparigraha). Eles são o grande voto (...)."* [99]

Motivada pela busca do bem-estar, a mente organiza suas forças para firmar um compromisso com a verdade. Só a verdade dá sustentação à prática da meditação. É impossível extrair qualquer proveito de uma meditação fingida, assim como não se obtém colheita partindo de uma semeadura fingida. A mentira, por definição, aponta para alguma coisa que não existe e é incapaz de dar sustentação a qualquer outra coisa. Não há vitória que possa ser sustentada apenas em mentiras.

> *"Somente a verdade vence, e não a mentira. Pela trilha da verdade se estende o caminho divino, ao longo do qual marcham os ṛṣis com suas aspirações atendidas, rumo à morada suprema da verdade."* [100]

Resta saber como o meditador pode ficar seguro de estar cultivando um pensamento verdadeiro. A maior parte dos pensamentos são criados ou resgatados automaticamente, sem que a pessoa sequer se dê conta de que está pensando, mesmo quando a intenção de pensar é consciente.

---

[99] Yoga Sūtras 2.30 e 2.31
[100] Muṇḍaka Upaniṣad 3.1.6

Quem controla o pensamento são as significações acrescentadas a ele pela mente inconsciente. Essas significações determinam a dinâmica do automatismo ao qual cada pensamento adere.

A mente coloca fé excessiva em seus pensamentos. Eles dão a ela um senso de estabilidade que ela não encontra no fluir contínuo da experiência presente. Os pensamentos estão lá, circulando pelo seu espaço subjetivo, disponíveis, preservados pela memória. A mente também confia em suas memórias, e as trata como evidências, sempre que aparecem novamente na forma de pensamentos. No entanto, quaisquer que sejam os pensamentos, eles precisam ser purificados pelo critério de sua veracidade para que expressem a sabedoria do Puruṣa.

Vimos neste capítulo que, com os pensamentos, a mente constrói um mundo subjetivo com muitas experiências luminosas e benignas para o desfrute do Puruṣa. Mas se a mente não estiver comprometida com a verdade, esse mundo pode se tornar insustentável, trazendo trevas e sofrimento. O mundo em que a mente vive é ela mesma que constrói. Sem esse mundo, a mente perde sua existência, pois ele é a única realidade à qual ela tem acesso. E sem a mente, o mundo no qual estamos imersos deixa de existir. Diz sobre isso o Yoga Vāsiṣṭha:

"O mundo está dentro da mente, assim como o espaço vazio dentro de um pote de barro. Na destruição da mente, o mundo deixa de existir. Na destruição do pote de barro, seu espaço interno deixa de existir. Por muito tempo o buraco no espaço do mundo tem sido o espaço interno do pote na mente, mas é da natureza do espaço equilibrar-se pela destruição. Apropria-te da forma!" [101]

A mente, com os pensamentos, dá forma ao mundo, e o que parece estar do lado de fora e ao redor, está de fato no espaço interno da mente. O meditador que controla seus pensamentos, se apropria da forma que seu mundo assume e ganha o poder de modelar seu próprio paraíso. O mundo inteiro está contido em sua mente. Mas, e o corpo?

O corpo material, que se sobrepõe e reveste o espaço subjetivo da mente e estabelece as fronteiras físicas entre o 'eu' e o 'outro', também é uma reprodução do universo mítico. Mas este assunto fica para o próximo capítulo.

---

[101] Yoga Vāsiṣṭha 5.50.14

12. O Corpo na Meditação

Imagine como seria bom se você pudesse praticar sua meditação em um lugar perfeito, onde ninguém viesse incomodar, agradável para estar, onde você pudesse ficar à vontade, onde tudo tivesse a ver com a sua natureza interior, como se fosse uma residência ideal e perfeita para a sua alma. Quem encontra um lugar assim já não quer saber de outro espaço para meditar. Está satisfeito, e ali permanecerá pelo tempo que lhe for possível, talvez pelo resto de sua vida.

Você já deve ter percebido que esse lugar está longe de ser uma fantasia, pois ele existe: é o seu corpo. E é mais do que apenas um lugar para acomodar suas práticas, pois ele se expressa, pensa e medita junto com você. O corpo objetivo pode trabalhar em conjunto harmônico com a mente, mas para que isso aconteça, a mente precisa assentar-se sobre o corpo, integrando-se a ele. Com isso, nossa vida corpórea passa a estar provida de dois aspectos que se integram e se complementam. O primeiro deles é o aspecto objetivo, ou seja, ele dá vida para o si-mesmo na forma de uma estrutura material e perceptível, de terceira pessoa.

A visão sânscrita nos ensina que o corpo objetivo é um empréstimo que nos é dado pela Natureza, para que, por meio dele, possamos desfrutar da própria Natureza. Esse desfrute, no entanto, precisa ser responsável, para que seja sustentável e para que não traga prejuízos para a conexão da mente com o corpo. Precisamos cuidar bem do corpo, deixá-lo limpo, desintoxicado, bem nutrido, relaxado, para que a mente funcione bem e a meditação tenha sucesso.

Mas o corpo tem também um aspecto subjetivo, sutil, que chamamos de corpo subjetivo (sūkṣmaśarīram). Ele é composto, em parte, pela soma das impressões, memórias, emoções, pensamentos e sonhos com os quais identificamos o eu que habita dentro de nós. De outra parte o corpo subjetivo ganha uma fisionomia modelada pela concepção, verdadeira ou falsa, que elaboramos sobre nosso corpo objetivo, seus estados, funções, necessidades e sobre nossa personalidade (ou pessoalidade). A mente faz parte do corpo subjetivo, e se nutre, em parte, do mesmo alimento que o corpo, esclarece a Chāndogya Upaniṣad ao dizer:

"O alimento ingerido se divide em três partes. Seus componentes mais densos se tornam as fezes. Os médios, a carne. Aqueles mais sutis, a mente" [102]

Dá para perceber que mente se enquadra como o componente mais importante do corpo, tendo em vista o fato de que a matéria prima da construção desse corpo subjetivo são as próprias atividades da mente. A mente trabalha essencialmente com informações. A maneira como a mente organiza e acessa as informações determina a qualidade do funcionamento do corpo subjetivo, que por sua vez interfere no funcionamento do corpo objetivo (material).

O corpo subjetivo precisa de um esforço de organização e estruturação, de nossa parte, para que não perturbe o bom funcionamento do corpo objetivo. Se deixarmos de realizar esse ajustamento, o corpo subjetivo pode se tornar um impedimento para o desfrute do observador silencioso que há dentro de nós. Esse esforço pela estruturação correta do corpo subjetivo se faz por meio da meditação, que ajusta a mente ao si-mesmo.

O corpo (subjetivo ou objetivo) é um produto de natureza material, e por esta razão está sujeito às mesmas restrições e capacidades que caracterizam qualquer outro ente material. No entanto, para alcançar seu melhor funcionamento não basta esperar por algum automatismo da Natureza. É preciso adotar cuidados especiais com as ações do corpo, ou seja, com a alimentação, a respiração, a mobilidade, o uso da inteligência nas deliberações, e outras ações praticadas com o corpo.

Para o yoga, o corpo objetivo é provido majoritariamente da qualidade tamas (escuridão), cuja expressão mais clara é sua passividade em relação aos comandos do corpo subjetivo, a mente, onde predomina a qualidade rajas (agitação). Já na inteligência do coração é sattvam (veracidade ou

---

essência) a qualidade natural que se destaca.

Nos tempos védicos, a qualidade rajas da mente era ilustrada pela imagem da atmosfera carregada de impurezas, névoas e nuvens escuras. O ritual védico de sacrifício era praticado com o objetivo de acalmar os ventos e controlar as chuvas, para que se pudesse cultivar a terra e abrir caminho para a luz do Sol e para a vida. O processo da meditação reproduz simbolicamente o ritual mais antigo, onde o corpo objetivo ocupa o lugar do campo de cultivo, que deve ser preparado com a cuidadosa atenção do cultivador. A mente faz o papel da atmosfera agitada pela chuva e pelos ventos. E o si-mesmo é o conhecedor do campo (*kṣetrajña*), e seu cuidador. Já vimos essa imagem poética do corpo como campo de cultivo naquele diálogo no épico Mahābhāratam, do qual participam Brahmā e Śiva, que reproduzimos para ilustrar a natureza da pessoa (Puruṣa). Isso aparece também na Bhagavad Gītā:

"*Senhor Bhagavān disse:*

"*Este corpo, ó Kaunteya, é chamado o campo. Aquele que o conhece foi chamado o conhecedor do campo, pelos que sabem isso.*" [103]

De acordo com essa analogia, que tem origem védica, deve-se criar uma forte conexão entre o conhecedor e o campo, entre o Paramātmā e o Jīvātmā, uma conexão que dá sentido à vida no corpo. Essa conexão, que se obtém pelo caminho da meditação, é o Yoga – o ajustamento do 'eu' ao si-mesmo (ātmā). Estamos lidando, aqui, com uma conexão baseada no desfrute do conhecimento, que só é possível por meio da mente, o corpo subjetivo. A mente deve ser cultivada pelo conhecedor do campo para que ele possa desfrutar do conhecimento.

Vamos tentar elaborar melhor essa informação. A mente é o objeto da ação do conhecedor do campo, que em última análise é o Puruṣa assentado sobre a Natureza[104]. Dissemos antes que a mente é a atmosfera agitada, e agora ela parece se tornar a vegetação que será cultivada no campo (o corpo objetivo) para o desfrute do Puruṣa. A mente pode se manifestar de duas maneiras bem distintas: como a agitação atmosférica; ou como a vegetação ordenada no solo.

A literatura védica mais antiga celebra o poder assustador da

---

[103] Bhagavad Gītā 13.2

[104] "Assentado na Natureza, o Puruṣa desfruta das qualidades nascidas da Natureza" (Bhagavad Gītā 13.22)

atmosfera, divinizando as chuvas fortes das monções, na forma do deus Indra, os ventos poderosos do deus Vāyu e a fome insaciável do fogo (deus Agni), que atravessa a atmosfera na forma do relâmpago. Para acalmar a agitação atmosférica, o ritualismo védico prescreve a oferenda de alimento ao soberano dos deuses, Indra. Esse alimento é o Soma, o espírito dos vegetais, que tem a virtude de mobilizar um dos mais misteriosos poderes da Terra: Uttānapad. Diz sobre isso o Ṛg Veda (10,72,4):

"De Uttānapad nasceu a Terra (Bhū). Da Terra nasceram os alimentos."

Uttānapad significa, literalmente, 'cair estendido para cima'. Essa palavra designa uma força de ascensão que se manifesta no corpo como capacidade produtiva. Se encontra com abundância no reino vegetal, onde é chamada de 'Soma'. Cabe ao cultivador a tarefa de acalmar a atmosfera para fazer emergir da terra o fluxo de Uttānapad ou do Soma. Ao fazer o Soma fluir com abundância, através dos vegetais, o conhecedor da terra faz a atmosfera se tornar benigna, convertida em biosfera. Só quando isso acontece podemos dizer que nasceu a mente verdadeira, capacitada para a meditação:

"Ali onde o fogo é aceso, ali onde o vento é controlado, ali onde o Soma é liberado com abundância, ali é onde nasce a mente." [105]

A mente meditativa nasce dessa forma, pela transformação da atmosfera descontrolada (rajas) em um campo tranquilo, cheio do poder produtivo (tamas e sattvam). Assim nasce o corpo subjetivo equilibrado, portador do sinal (liṅgam) da presença e do comando do si-mesmo. De acordo com a doutrina do Sāṃkhya, o termo 'liṅgam' traduz uma ideia de 'significação'[106], mas também expressa a estrutura por meio da qual a significação se revela, ou seja, o liṅgaśarīram – o corpo 'sinalizador', ou 'significador'.

O liṅgaśarīram, ou corpo subjetivo, é a expressão corporificada do si-mesmo. Do ponto de vista da Cultura Sânscrita, ele abriga as funções e atividades sutis da mente que fazem correlação com funções e atividades do corpo objetivo, em especial aquelas pertinentes ao Sistema Nervoso. Sua composição é descrita da seguinte maneira:

"Liṅgam é o corpo sobreposto pelos tanmātras e por partículas mais sutis." [107]

---

[105] Śvetāśvatara Upaniṣad 2.6
[106] Sāṃkhya Kārikā 5
[107] Sāṃkhya Kārikā Bhāṣya 42

"O Liṅgam transmigra, surgido do passado (remoto), independente, autorregulado, (composto por) Mahat e os demais princípios, até os tanmātras, incapaz de desfrutar, (mas) provido de disposições específicas (para expressar sentimentos)." [108]

As frases acima declaram que o *corpo significador* (liṅgaśarīram), ou corpo subjetivo, é uma estrutura formada pelos três componentes do antaḥkaraṇam (buddhi, ahaṁkāra e manas), servida pelos cinco órgãos de percepção e pelos cinco órgãos de ação, e cujos limites de atuação são determinados pelos cinco tanmātras.

Seguindo uma outra abordagem, o pensamento tântrico carrega a população e a geografia dos mitos para dentro do corpo objetivo, alçando-o à categoria de microcosmo. O texto 'Siddha Siddhānta Paddhati', do século XI, que introduziu o yoga na seita dos Nāthas, nos dá uma bela ilustração dessa transformação cultural ao apresentar uma longa exposição do corpo como uma miniatura do universo:

"A tartaruga (kūrma) reside na sola do pé. Pātālam no dedão do pé, Talātalam na ponta do dedão do pé, Mahātalam no dorso do pé, Rasātalam no tornozelo, Sutalam na canela, vitalam nos joelhos e Atalam nas coxas. Assim é o sétuplo Pātālam sob a liderança da divindade Rudra. A natureza em forma de fúria que há dentro do corpo é exatamente Rudra Kālāgni.

"No lugar secreto está o Bhūrloka. No local do lingam está o Bhuvarloka. Na região do umbigo está Svarloka. Indra é a divindade nesses três mundos. Dentro do corpo ele é Indra, que comanda todos os sentidos. Na base da coluna está Maharloka. Na cavidade da coluna está Janoloka. No caule da coluna está tapoloka. No lótus da raiz está Satyaloka. Assim, Brahma é a divindade suprema no mundo quádruplo. Dentro do corpo, ele permanece em sua forma autêntica, cheio de orgulho e ideias próprias. Viṣṇuloka está na cavidade do abdômen. Ali, a divindade Viṣṇu é o agente de diversas atividades, dentro do corpo. No coração está Rudraloka. Lá, a divindade Rudra está em sua forma própria como Ugra ('poderoso'). Na base do peito está Īśvaraloka. Ali fica a divindade Īśvara, dentro do corpo, em sua forma própria de saciedade. Dentro da garganta está o Nīlakaṇṭhaloka. Ali fica a divindade Nīlakaṇṭha, permanentemente dentro do corpo. Na porta do palato está

---

[108] Sāṁkhya Kārikā 40

Śivaloka. Ali permanece a divindade Śiva, dentro do corpo, em sua forma própria do incomparável. Na raiz da língua, está Bhairavaloka. Lá fica a divindade Bhairava, dentro do corpo, em sua forma própria do melhor de todos. No meio da testa está o Anādiloka. Lá a divindade Anādi permanece em sua forma própria de felicidade da suprema egoidade. Nas têmporas está o Kulaloka. Lá está a divindade Kuleśvara, dentro do corpo, em sua forma própria da felicidade (Ānanda). No meio do crânio, no lugar do lótus (nalini) [está Akulaloka. Lá] a divindade Akuleśvara permanece, dentro do corpo, em sua manifestação de ausência de orgulho. Na moleira está o Parabrahmaloka. Lá a divindade Parabrahma permanece, dentro do corpo, na condição de completa plenitude. No lótus que se ergue para o alto está o Parāparaloka. Lá a divindade Parameśvara permanece dentro do corpo no modo dual de existência imanente e transcendente. No lugar do trikūṭa está Śaktiloka. Lá a divindade Parāśakti permanece como manifestação da condição de criadora de tudo, entre todas [as divindades]. Assim são considerados, dentro do corpo, o conjunto dos sete Pātālas e dos vinte e um lugares dentro do ovo de Brahma.

"Os brāhmaṇes residem na boa conduta, sempre. Os kṣatriyas no heroísmo. Os vaiśyas na determinação. Os śudras na servidão. E nas sessenta e quatro artes, (residem) as sessenta e quatro castas.

"Agora, o que se conta sobre os sete mares e os sete continentes. No tutano, Jambudvīpa. Nos ossos, Śaktidvīpa. Nas cabeças dos ossos, Sūkṣmadvīpa. Nas peles, Krauñcadvīpa. Nos pelos, Gomayadvīpa. Nas unhas, Śvetadvīpa. Na carne, Plakṣadvīpa. Assim são os sete continentes. Na urina, o mar ácido (Kṣāra). Na saliva, o mar de leite (Kṣīram). No fleugma (kapha), o mar de coalhada. Na linfa, o mar oculto. Na gordura, o mar de mel. No sangue, o mar de garapa. No esperma, o mar de néctar da imortalidade. Assim são os sete mares.

"Os nove territórios estão nas nove portas. O território Bhārata, o território da Kaśmīra, o território de Karpara, o território de Śrī, o território de Śaṅkha, o território dos Ekapādas, o território de Gāndhāra, o território de Kaivartaka e o território do Grande Meru. Assim são os nove territórios. O monte Meru reside no território do próprio Meru, Kailāsa reside no portal de Brahma, O Himālaya reside nas costas, o Malaya no lado esquerdo do pescoço, o Mandara no lado direito do pescoço, o Vindhya na orelha direita, Maināka na orelha esquerda, a montanha Śrī na testa. Estas são as oito montanhas principais

(kulaparvatas). As outras montanhas secundárias residem em todos os dedos.

"Pīnasā, Gāṅgā, Yamunā, Candrabhāgā, Sarasvatī, Vipāśā, Śatarudrā, Śrīrātri e Narmadā. Assim são os nove rios que residem nas nove nāḍīs (principais). Outros rios secundários, riachos e pequenos canais residem nas setenta e duas mil nāḍīs.

"Vinte e sete constelações lunares, doze signos do Zodíaco, nove asterismos e os quinze dias da metade de um mês. Estes residem no círculo das setenta e duas mil linhas nas palmas das mãos. Inumeráveis grupos de estrelas residem nas rugas dos dedos. Trezentos e trinta milhões de divindades residem nos poros dos braços. Inúmeros santuários (de Pārvatī) residem também nos poros. Devas, Dānavas, Yakṣas, Rākṣasas, Piśācas, Bhūtas e Pretas residem nas juntas dos ossos. Os Kulanāgas residem no peito. Outros grupos de grandes sábios do passado residem nos poros do peito. Outras montanhas residem nos pelos da barriga. Na barriga residem as classes dos Gandharvas, dos Kinnaras, dos Kimpuruṣas e das Apsaras. Outras classes de Khecarīs, Līlās, Mātaras, Śaktis e Ugradevatās ("divindades furiosas") residem na corrente de Vāyu (prāṇa). Diversas nuvens residem na corrente das lágrimas. Infinitos siddhas residem na luz da inteligência. A Lua e o Sol residem nos dois olhos. Diversas árvores, trepadeiras, arbustos e gramíneas residem nos poros dos pelos das canelas. Diversos vermes, lagartas e insetos voadores residem nos excrementos.

"Aquilo que é confortável (no corpo), é o Céu. Aquilo que é desagradável, é o lugar dos tormentos (Naraka). Aquilo que é ação (karma), é aprisionamento. Aquilo que não deixa alternativa, é liberdade. O despertar do si-mesmo por si mesmo, quando em sono ou em outros estados de consciência em condição que lhe dê ciência de sua própria natureza, isso é a Paz. Dessa forma está presente em todos os corpos a natureza universal, o senhor supremo, o si-mesmo supremo (Paramātmā), em cada esforço pela preservação da autenticidade, aquele que é dotado da própria forma de Cit.

"Assim é a compreensão do corpo." [109]

Essa descrição, rica em detalhes, mostra o esforço do Tantra por sacralizar o espaço do corpo desenhando sobre ele uma metageografia mítica,

---

[109] Siddha Siddhānta Paddhati 3.2 a 3.14

que o sacraliza. Essa metageografia é a mesma que encontramos em textos mais antigos, localizada no espaço oculto do coração. A Aitareya Upaniṣad, por exemplo, descreve a criação do universo a partir do surgimento da primeira pessoa (Puruṣa), cujo corpo é o espaço mítico:

"Bem no início, este mundo era apenas o si-mesmo. Não havia nenhum outro que tivesse visto (isso). Ele pensou: 'que surjam os mundos'. Ele fez surgirem estes mundos: a água (ambhas), o raio de luz (marīci), a morte (mara) e as águas (āpas). A água está lá, além do céu. O céu está firmemente estabelecido. A atmosfera são os raios de luz. A terra é a morte. Aquilo que se estende abaixo, são as águas. Ele (o si-mesmo) pensou: 'aqui estão os mundos. Que sejam criados os protetores dos mundos (lokapālas)'. Tendo ele assim (com os lokapālas) resgatado o Puruṣa de ser devorado, deu a ele a materialidade. (O si-mesmo) o chocou. Uma vez chocado, dele (do Puruṣa) foi destacada uma boca, como se saísse de um ovo. Da boca (destacou-se) a fala, da fala destacou-se o fogo. As duas narinas (se destacaram). Das duas narinas, o prāṇa. Do prāṇa, o vento. Os olhos se destacaram. Dos olhos, a visão. Da visão, o Sol. As orelhas se destacaram. Das orelhas, a audição. Da audição, as direções do espaço. A pele se destacou. Da pele, os cabelos. Dos cabelos, as ervas e as árvores. O coração se destacou. Do coração, manas (mente). De manas, a Lua. O umbigo se destacou. Do umbigo, o apāna. Do apāna, a morte. O pênis se destacou. Do pênis, o esperma. Do esperma, as águas (āpas)." [110]

Assim a upaniṣad descreve a criação do espaço subjetivo, aqui identificado ao próprio Puruṣa, para dentro do qual todas as divindades são transferidas. Depois que isso acontece, as divindades abrigadas naquele espaço mítico pedem ao si-mesmo um lugar onde possam permanecer e desfrutar do alimento. O si-mesmo lhes oferece o corpo de um touro, mas as divindades respondem que não é o suficiente. O corpo de um cavalo é recusado pela mesma razão. Mas quando o si-mesmo leva até eles o corpo de uma pessoa (Puruṣa) eles aceitam com alegria. O si-mesmo manda então que as divindades entrem no corpo humano para ocupar suas posições na ordem natural. O texto se alonga em detalhes, todos muito interessantes, mas acreditamos que o trecho citado ilustra bem a maneira como o conceito de 'corpo' se enlaça com as subjetivas narrativas míticas, antes de se conectar com sua face material – o corpo objetivo.

---

[110] Aitareya Upaniṣad 1.1.1 a 1.1.4

Todas essas divindades que a literatura sânscrita descreve como se estivessem integradas ao espaço oculto do coração são expressões subjetivas, poéticas, da natureza do si-mesmo. Reunidas em seu conjunto, elas são exatamente aquela força à qual queremos dar corpo com a nossa prática de meditação. Quando aceitamos a possibilidade da supremacia das forças subjetivas sobre a ordenação de nosso corpo, e sobre o mundo lá fora, as mudanças se colocam ao alcance de nossas decisões e os impedimentos desaparecem, em um passe de mágica.

13. A Respiração do Si-mesmo

A opinião moderna acerca do Prāṇāyāma pode ser resumida em uma única frase de Swāmi Kuvalayānanda: *"Prāṇāyāma é um exercício yóguico na respiração."* [111] Sua opinião era a mesma que compartilhavam outros grandes instrutores ou pesquisadores de Yoga do século XX, mas ela oculta muito da riqueza presente na vasta bibliografia sânscrita do Yoga. Ao examinar os textos mais antigos, percebemos o prāṇa muito maior que o ar da respiração, investido de uma importância tão grande que chega a causar espanto. A Praśna Upaniṣad ilustra esse fato no trecho em que o sábio Pippalāda responde às questões levantadas por Bhārgava.

"Venerável senhor, quantos deuses dão suporte para uma criatura? Quantos deles fazem manifesto este corpo? Quem é o melhor deles?

"Ele (Pippalāda) então lhe respondeu:

"Este espaço (ākāśa) é um deus, o Ar, o Fogo, a Água, a Terra, Vāc (a fala), Manas, a Visão e a Audição (também são deuses). Todos eles saúdam respeitosamente aquele (Brahma) que vai se tornar manifesto, dizendo: Nós damos suporte a este corpo (bāṇam – uma vareta) que deve ser erigido.

"Diz então o melhor deles, o Prāṇa: não se iludam! Somente eu, tendo me separado em cinco de mim mesmo, dou suporte a este corpo que deve ser erigido.

"Eles ficaram incrédulos. Ele então marchou para o alto, como se movido pelo orgulho. Para ali onde ele subiu, todos os outros subiram até

---

[111] KUVALAYANANDA, Swami. *Pranayama*. São Paulo: Phorte, 2008. Pág. 37.

lá, também. Quando ele parou, nesse momento todos pararam, também. Foi assim como as abelhas cujo rei, subindo, todas sobem e aqui parando, todas param. Dessa maneira, Vāc, Manas, a Visão e a Audição, satisfeitos com o ocorrido, cantam uma louvação para o Prāṇa." [112]

Nota-se nessa composição da Era Védica a importância que se dá ao prāṇa. Também fica evidente que o mais importante atributo do prāṇa é sua conexão com o controle do movimento. Pelo movimento começamos, então. As noções usuais que criamos a respeito do movimento estão quase sempre condicionadas à ideia de objetos que se movem. Isto se deve ao fato de ser essa a natureza do movimento objetivo, ao qual nossa percepção está habituada. Mesmo quando o movimento objetivo é mais abstrato, como as variações no valor de uma taxa de câmbio, ou a sequência de notas em um movimento musical, ainda assim nossa mente encontra para ele uma representação objetiva, por exemplo, com imagens gráficas.

Há outros movimentos que só estão acessíveis para o sujeito que os observa, como, por exemplo, a memória de uma ocorrência que, por qualquer razão, veio à consciência. Esse tipo de movimento, que ocorre com as imagens na mente podemos qualificar como subjetivo. Há também movimentos subjetivos mais abstratos, em tal extensão que já não permite à mente resolvê-los em objetos de qualquer que seja a espécie. Esses movimentos são, por exemplo, os vetores matemáticos, ou o sentido do discurso ou das palavras, que fazem a mente se marchar em direção a um significado que jamais se revela inteiramente, em um *'vir-a-ser'* que nunca se concretiza.

Movimento objetivo ou subjetivo, concreto ou abstrato, todos eles são apenas o prāṇa exercendo sua atividade, que se estende para dentro do domínio instrumental da mente (antaḥkaraṇam). Sobre a relação do prāṇa com a mente existe a seguinte afirmação, na Haṭha Yoga Pradīpikā:

"No movimento do sopro (vāta, ou seja, prāṇa), deve surgir o movimento de cittam. Na imobilização (do prāṇa), a imobilização (de cittam): o yogui alcança a estabilidade, e então o sopro pode ser recolhido." [113]

O recolhimento do prāṇa é o recolhimento das atividades de cittam, que passam a ser controladas pelo meditador:

---

[112] Praśna Upaniṣad 2.1 a 2.4
[113] Haṭha Yoga Pradīpikā 2.2

"Apenas aquele que controla o sopro, controla a mente, e apenas aquele que controla a mente, controla o sopro." [114]

Para que essa afirmação tenha sentido, é necessário que o prāṇa tenha alguma participação na estrutura da mente (cittam). As atividades do prāṇa e de manas precisam se ajustar, uma à outra, para tornar possível a participação do prāṇa nas mudanças que ocorrem dentro da mente. E parece que a Bhagavad Gītā se refere justamente a isso, quando Kṛṣṇa diz:

"A firmeza por meio da qual são mantidas as atividades da mente (manas), do prāṇa e dos sentidos em um ajustamento correto, essa firmeza se chama sáttvica." [115]

A palavra sânscrita usada para dizer 'mente', nesse verso, é 'manas', ou seja, um dos três componentes da mente como instrumento interno (antaḥkaraṇam). Os outros dois componentes, aos quais manas deve se ajustar com firmeza, são buddhi e ahaṁkāra, mas o verso acima substitui os dois pelo prāṇa. E a Gītā não está sozinha nesse ponto, pois possivelmente herdou essa ideia da Muṇḍaka Upaniṣad, onde se afirma o seguinte:

"Do Puruṣa nascem o prāṇa, manas e todos os indriyāṇi (...)" [116]

Embora essas frases pareçam revelar uma opinião divergente daquela trazida pelo Sāṁkhya, que descreve a mente como o resultado da combinação de manas, buddhi e ahaṁkāra, é possível que haja aqui a presença de um conceito mais antigo acerca da natureza do prāṇa. Para chegar a um melhor entendimento sobre o prāṇa ocupar as posições de buddhi e ahaṁkāra, é conveniente examinar mais duas outras referências textuais nas quais manas e buddhi compõem um trio com o si-mesmo (ātmā), que figura no lugar em que o Sāṁkhya colocaria o ahaṁkāra:

"Os sentidos (indriyāṇi) são de natureza elevada. A mente (manas) é superior aos sentidos. A inteligência (buddhi), porém, é superior à mente. Mas ele (o si-mesmo) é superior à inteligência!" [117]

"Além dos sentidos (indriyāṇi) estão as significações (arthās). Além das significações está manas. Além de manas está buddhi. Além de buddhi está o grande ātmā. Além do grande (ātmā) está o (ātmā) não

---

114 Haṭha Yoga Pradīpikā 4.21
115 Bhagavad Gītā 18.33
116 Muṇḍaka Upaniṣad 2.1.3
117 Bhagavad Gītā 3.42

manifestado. Além do não manifestado está o Puruṣa. Nada há além do Puruṣa. Esse é o limite. Esse é o movimento (gati) supremo!" [118]

A combinação dessas duas últimas referências mostra que o ahaṁkāra pode ser considerado como igual ao ātmā manifestado, e que, subordinada a ele, está sempre disponível a inteligência buddhi, à qual ele pode se conectar. O par resultante, ahaṁkāra-buddhi ou ātmā-buddhi, é idêntico ao prāṇa. Levando em consideração o modelo elaborado pelo Sāṁkhya, esse par (ou seja, o prāṇa) se une a manas para dar corpo à mente como o agente interno (antaḥkaraṇam ou cittam) que, conectado aos sentidos (indriyāṇi) completa nossa estrutura cognitiva.

Tendo em vista a forte relação do prāṇa ao movimento, é possível traduzir buddhi e ahaṁkāra como os dois movimentos fundamentais do prāṇa, a inspiração e a expiração de uma respiração subjetiva dentro da mente. O ahaṁkāra é o movimento de inspiração (apāna) do si-mesmo e buddhi é o movimento de expiração (prāṇa) do si-mesmo. Ambos são dotados da natureza do si-mesmo, do ātmā, para o qual buddhi e ahaṁkāra são como as portas de entrada e saída da Natureza material. Conclui-se com facilidade que o prāṇa é a forma assumida pelo ātmā quando adentra o universo de terceira pessoa, o universo da manifestação. A Praśna Upaniṣad confirma isso ao dizer:

"esse prāṇa é criado a partir do ātmā" e *"esse ātmā está no coração (hṛdi)."* [119]

E a Kauṣītaki Brāhmaṇa Upaniṣad define o prāṇa de maneira ainda mais precisa e sucinta:

"O Prāṇa é Brahma." [120]

A Bṛhadāraṇyaka Upaniṣad confirma essa afirmação:

"Qual é o deus único? Prāṇa. Ele é aquele Brahma." [121]

A compreensão correta dessas informações será uma conquista importante para o meditador porque o prāṇa, identificado como buddhi e ahaṁkāra, corresponde a dois terços da estrutura da mente – a ferramenta (e objeto de trabalho) da meditação. E, tendo sido identificado ao si-mesmo,

---

[118] Kaṭha Upaniṣad, 1.3.10
[119] Praśna Upaniṣad 3.3 e 3.6
[120] Kauṣītaki Brāhmaṇa Upaniṣad 2.1
[121] Bṛhadāraṇyaka Upaniṣad 3.9.9

(ātmā ou Brahma), o prāṇa pode se revelar o elo forte que conecta a perspectiva de primeira pessoa com a de terceira pessoa, dentro da mente.

Já vimos que o prāṇa se expressa como movimento, e agora é preciso esclarecer o que, exatamente, se movimenta para dentro e para fora da mente, ou permanece estacionado ali dentro. A resposta natural é 'informação', pois a mente lida com informações o tempo todo. Informações objetivas e informações subjetivas são a matéria prima das atividades da mente. Informações desses dois tipos são arrastadas continuamente pelo movimento do prāṇa.

As informações objetivas têm sua origem nas impressões sensoriais (*pratyakṣa*), que são coletadas por manas, combinadas entre si e carregadas em direção ao si-mesmo (ātmā) pelo apāna (sopro de inspiração, equivalente ao ahaṁkāra), convertendo-se em experiências. As informações subjetivas são trazidas do si-mesmo pelo seu sopro de expiração, o prāṇa (equivalente a buddhi), para o espaço interno da mente na forma de significações que são entregues para manas, que dá manifestação a elas como intuição (*prajñā*). A intuição, portanto, é uma interferência do prāṇa em manas, por cujo efeito a significação é conectada às impressões sensoriais que deram início ao processo, criando-se desta maneira um símbolo ou palavra. De acordo com esse modelo de funcionamento da mente, manas é incapaz de lidar com as informações sem a presença do prāṇa. Sem o prāṇa não existe a visão interna, não há intuição.

A forte conexão do prāṇa com a intuição que nasce do si-mesmo é explicitada em um trecho da Kauṣītaki Brāhmaṇa Upaniṣad, no qual o deus Indra (o soberano entre os deuses) dialoga com o sábio Pratardana. Indra representa a mente chefiando os 'devas' – que representam os órgãos de ação e percepção (*indriyāṇi*) – e, como tal, reconhece que seus atributos são devidos ao prāṇa. Diz Indra a Pratardana:

> *"Eu sou o prāṇa. Pense em mim como o si-mesmo da intuição (Prajñātmā), como a imortalidade e a vida (āyus). A vida é prāṇa. O prāṇa é vida. Só o prāṇa é a imortalidade. Enquanto o prāṇa habita neste corpo, há vida. Apenas por meio do prāṇa se alcança a imortalidade neste mundo. Por meio da intuição (se alcança) a compreensão (saṁkalpa) verdadeira. (...)"* [122]

> *"(...) Aquilo que o prāṇa é, isso é a intuição (prajñā). Aquilo que a*

---

[122] Kauṣītaki Brāhmaṇa Upaniṣad 3.2

intuição é, isso é o prāṇa. (...)." [123]

Nessas frases, o prāṇa é identificado ao Prajñātmā ('eu intuitivo'), que equivale ao conceito de Paramātmā, o eu que reside no coração. A respiração do si-mesmo é esse movimento do prāṇa carregando informações para dentro e intuições para fora do espaço interno da mente. Sua *inspiração* (apāna) é o movimento centrípeto das informações que chegam de fora pela via das linhas sensoriais, e que são conduzidas ao eu no formato de experiências de primeira pessoa. Sua *expiração* é o movimento centrífugo das informações que dão significação pessoal às experiências e ao cenário sensorial. Quando alcançam os órgãos de ação, as significações da expiração dão forma e substância ao corpo objetivo e à mente. A respiração do si-mesmo ocorre ininterruptamente, e mesmo nos momentos de sono profundo as informações continuam a percorrer os caminhos materiais ou sutis do corpo. Sua ausência sinaliza a morte do corpo ou da mente. As informações podem ser movimentadas ou imobilizadas de modo consciente e intencional ou, mais frequentemente, de modo inconsciente, conduzidas por hábitos, memórias e desejos.

É necessário, no entanto, fazer uma ressalva. A intuição não é necessariamente uma fonte confiável de informações, pois pode carregar para dentro da mente significações impróprias. Ainda que, de acordo com a Cultura Sânscrita, a fonte da intuição seja o Puruṣa, isso não assegura que ela será recebida corretamente pela estrutura mental – que pode estar afetada por várias perturbações. Intuições contraditórias podem surgir na mente e colidir umas com as outras, provocando confusão e dúvidas.

Imagine que um certo dia você decidiu fazer uma caminhada pelas ruas e observou que há nuvens no céu, ou seja, pode chover. Por estar seguro de que deseja caminhar, resta decidir se leva, ou não, um guarda-chuva. Sua intuição diz que não há perigo de se molhar e você decide deixar o guarda-chuva em casa. Já na porta de casa, você nota que outras pessoas que passam carregam guarda-chuvas. Uma nova intuição vem à sua mente, dizendo que é melhor levar também o seu guarda-chuva. As intuições colidem e você decide levar o guarda-chuva, para se assegurar de permanecer seco. Então você se lembra que o deixou no porta-malas de seu carro, e sua intuição de que não vai chover é fortalecida pela preguiça de ir buscá-lo. Por fim, você sai sem o guarda-chuva e, é claro, chove. Nessa hora você pensa: *"eu sabia que isso ia acontecer..."*

---

[123] Kauṣītaki Brāhmaṇa Upaniṣad 3.3

Esse conflito de intuições acontece o tempo todo na mente que ainda não encontrou uma intuição firme, que prevaleça sobre as demais. Duas ou mais opiniões disputam internamente a atenção, levantando argumentos e justificativas em seu próprio favor. Enquanto a decisão fica pendente, a mente alterna sua atenção entre as visões sem estacionar em qualquer uma delas. Patañjali credita a multiplicidade de visões internas à multiplicidade de núcleos mentais que povoam o corpo subjetivo, embora apenas um desses núcleos tenha a capacidade de interromper essa disputa entre eles de forma definitiva:

> *"O objetivo (que se deseja alcançar) não conduz à atividade material, mas à interrupção do processo de escolha. Por isso está provido de um agricultor. Os núcleos mentais (cittāni) são criados exclusivamente a partir da egoidade (asmitā). Um único cittam dentre muitos conduz à interrupção da atividade (de escolha). Lá (nesse cittam) nascido da meditação (dhyānam) não há repositório (de ações)."* [124]

É como se, em lugar de apenas uma mente, houvesse muitas outras mentes dentro de uma mesma pessoa. Um cittam, ou núcleo mental, é criado no movimento de inspiração do prāṇa, se a semente de uma ação futura tiver sido plantada por manas no espaço interno da mente. O movimento de inspiração, que tem a natureza de *asmitā* (ou *ahaṁkāra*), dá a essa ação um agente – o 'eu' – que, sendo o mesmo para todos os demais núcleos, elimina a sensação de múltipla personalidade. O movimento de expiração, com a natureza de buddhi, desperta no núcleo recém-criado a inteligência do agricultor, que é o conhecedor do campo (*kṣetrajña*), ou seja, o Puruṣa.

Pensando agora no conjunto dos núcleos criados pelo funcionamento da mente, é certo que eles não atuam isoladamente, mas como um colegiado. No movimento de expiração do prāṇa, as significações pessoais são comandadas pelo núcleo mental (cittam) que tiver o maior poder de liderança sobre os outros núcleos mentais concorrentes, para o assunto que está em pauta no momento. Supondo a melhor hipótese, em que a mente esteja livre de apego e de outras perturbações ao seu funcionamento, esse núcleo mais forte será também o mais próximo do si-mesmo do coração (Prajñātmā ou Paramātmā), e neste caso o resultado é uma intuição confiável. A ação decorrente do fortalecimento desse núcleo mental mais próximo do eu do coração será sustentável, coerente com o dharma individual

---

[124] Yoga Sūtras 4.3 a 4.6

da pessoa. Por isso não aprisiona aquela pessoa aos resultados, bons ou ruins, dos seus atos. Esse é o perfil natural do núcleo mental libertador ao qual Patañjali se refere como o 'único cittam dentre muitos' – o único capaz de recolher as atividades da mente, que assim pode entrar no estado de coerência do samādhi. Esse cittam se estabelece apenas quando manas entrega sua atenção e comando ao Īśvara, e então a pureza dessa mente se iguala à pureza do Puruṣa.

É notável como a Cultura Sânscrita valoriza a pessoalidade na circulação das informações na estrutura interna do corpo e da mente. As significações pessoais conduzidas pela expiração do prāṇa são necessárias para manter coerência, integridade e para construir a identidade individual. As suas manifestações intuitivas revelam para o meditador vislumbres do seu próprio dharma.

Também são necessárias as significações impessoais, que nos permitam compreender e acomodar no cenário mental as informações trazidas pelo outro. Elas constituem um repertório de sinais compartilhados que nos habilitam a trocar informações com outras pessoas, ou mesmo com a Natureza como um todo. Sem elas não há comunicação, não é possível o diálogo nem a compreensão da visão do outro. Essas significações impessoais se agregam ao conjunto dos recursos cognitivos de que dispomos, trazidas por núcleos mentais (cittāni) que, dentro do cenário mental, representam os interesses dos outros. O único problema com essas significações agregadas é o fato de que elas também são arrastadas com o prāṇa para dentro e para fora de nosso centro psíquico, trazendo o risco de confusão, em nossa mente, do que é conteúdo pessoal com o que é conteúdo agregado.

O prāṇa movimenta continuamente as significações oferecidas pelo si-mesmo (o Puruṣa), em direção às informações fragmentadas que chegam do mundo externo, trazidas pela inspiração do apāna. Mas é a Natureza (o Pradhānam) que materializa as informações e significações nos formatos adequados a cada finalidade, dentro ou fora do nosso corpo.

O prāṇa, apenas outro nome para ahaṁkāra e buddhi, desempenha o papel da linha de mão dupla que conecta o Puruṣa ao Pradhānam. Cria entre os dois uma espécie de ressonância 'vetorial' por meio da qual dá a intensidade e o sentido dos movimentos das atividades materiais. A interrupção dos dois movimentos perceptíveis corresponde à imobilidade do prāṇa – o terceiro Prāṇāyāma. Diz Patañjali:

"Para fora, para dentro e imobilidade (stambha) é a atividade (do prāṇa)." [125]

Se o prāṇa for interpretado como o puro movimento das informações, essa imobilidade do terceiro Prāṇāyāma existe permanentemente porque os movimentos para fora e para dentro coexistem continuamente e jamais se concluem, de fato. São um eterno *vir-a-ser* em que os opostos se encontram e se anulam, mas sem nunca perder sua integridade. No sūtra seguinte Patañjali diz que o quarto prāṇāyāma cria um domínio que integra o lado de fora e o lado de dentro. Nesse domínio, localizado dentro do espaço subjetivo da mente, acontece a integração mágica entre informação e significação, por meio da qual dois universos inconciliáveis se tornam um só. No mundo da gramática, o verbo (a palavra que expressa movimento) é o elemento no qual se encontram as perspectivas de primeira e terceira pessoas, e o discurso é o espaço abstrato no qual essas perspectivas flexionam e se integram harmoniosamente.

O controle sobre o movimento das significações e sua conexão com os dados do mundo externo é o prāṇāyāma. O controle real sobre esse movimento do prāṇa depende da capacidade de visualização do meditador, mesmo que ele experimente o controle indireto, por meio de práticas respiratórias. Na respiração, ao alongar uma das fases do ciclo, estimulamos a fase correspondente do processo de respiração do si-mesmo. A expiração intensifica a significação. A inspiração intensifica a atentividade e, com ela, a qualidade das informações que são extraídas da experiência. A pausa respiratória estimula a atribuição de significados às informações, dando à meditação um caráter mais fortemente intuitivo.

Para o bom meditador, o controle sobre as significações é um elemento chave para incrementar o comportamento da mente e a saúde do corpo. Mas a literatura da meditação também trata de um outro componente importante: a alimentação. Este é o assunto de que trata o próximo capítulo.

---

[125] Yoga Sūtras 2.50

14. O Alimento na Meditação

Alimento é tudo o que nos provê dos nutrientes necessários para manter o crescimento, a estrutura e a vida. Para que esses nutrientes sejam extraídos do alimento que ingerimos, precisamos desmontá-los por meio da digestão, para depois assimilá-los e convertê-los em componentes de nosso próprio organismo. A alimentação de boa qualidade é um dos fundamentos do funcionamento correto do corpo que, por sua vez, nos dá os correlatos físicos de nossa vida mental. É aqui que a alimentação cruza o caminho do processo da meditação.

A Cultura Sânscrita inclui a disciplina alimentar como parte da prática da meditação. Pensamos com a mente e com o corpo, de modo simultâneo, e por essa razão precisamos cuidar bem de nosso corpo. Um corpo maltratado prejudica as atividades da mente, o que torna mais difícil obter a manifestação do si-mesmo, que é a meta da meditação. Kṛṣṇa fala sobre isso para Arjuna:

"Aquelas pessoas que se entregam a uma ascese violenta, não prescrita nas escrituras, conectados a uma egoidade falsa, levados pela força do desejo e da paixão, insensatas, enfraquecendo o conjunto dos elementos componentes do corpo, e a mim mesmo, que estou presente dentro do corpo, saiba que essas (pessoas) são demônios, sem dúvida." [126]

Nos versos que se seguem a esses, Kṛṣṇa fala brevemente sobre os alimentos, que são descritos de conformidade com três categorias, correspondentes aos três tipos de fé que o meditador pode escolher para dar sustentação às suas deliberações. Cada tipo de fé está vinculado a uma das três

---

[126] Bhagavad Gītā 17.5 e 17.6

qualidades da matéria – sattvam, rajas ou tamas – e assim também as três categorias de alimentos.

Essas referências da Bhagavad Gītā à alimentação se repetem em parte da literatura sânscrita do Yoga, indicando uma inesperada importância desse assunto dentro do contexto da meditação. As referências parecem dizer, à primeira vista, que para meditar da maneira certa é preciso nutrir o corpo da forma certa. A Haṭha Yoga Pradīpikā, no seu verso 1,59, atribui ao controle sobre a alimentação (mitāhāra) a mesma importância do renunciamento (tyāga) e da dedicação ao estudo (brahmacarya). Em seguida ela declara:

"Uma refeição leve e agradável, reduzida de uma quarta parte, desfrutada para a satisfação de Śiva, chama-se mitāhāra" [127]

Percebe-se que o objetivo maior do mitāhāra, a alimentação equilibrada, é satisfazer o Paramātmā (aqui chamado pelo nome do deus Śiva), e não apenas nutrir o corpo. Certamente o alimento que satisfaz o Paramātmā deve ser de natureza distinta daquele que atende somente às necessidades do corpo, e seria muito útil se isso fosse explicado com mais clareza no próprio texto sânscrito. A Pradīpikā, no entanto, diz apenas que o yogui deve ingerir alimentos leves e agradáveis, que ela descreve sucintamente[128]. De acordo com a Gītā[129], esses alimentos estão conectados à qualidade sattvam da matéria, mas parece improvável que esse alimento material de alguma maneira interesse ou agrade ao Paramātmā.

Podemos examinar o assunto por outra via. A palavra āhāra (refeição ou alimentação) significa literalmente 'o ato de tomar para si', 'apropriação', e tem parentesco direto com a palavra pratyāhāra (o recolhimento dos sentidos), o que pode abrir uma possibilidade de conexão conceitual da alimentação com a meditação, através dos órgãos sensoriais. Para seguir por esse caminho, precisamos encontrar nos textos sânscritos referências que confirmem uma destas duas hipóteses:

1. Há mais do que um tipo de alimento, e um deles se relaciona aos estímulos sensoriais; ou
2. O sentido da palavra sânscrita para 'alimento' pode ser expandido para algo que vá além da nutrição material do corpo.

---

[127] Haṭha Yoga Pradīpikā 1.60
[128] Haṭha Yoga Pradīpikā 1.64 e 1.65
[129] Bhagavad Gītā 17.8

A multiplicidade de tipos de alimento aparece no capítulo 15 da Bhagavad Gītā, Kṛṣṇa diz para Arjuna, após descrever o seu próprio brilho, que provém do Sol e que está na Lua e no fogo:

"Tendo me tornado Vaiśvānara, abrigado no corpo dos seres viventes, com o prāṇa e o apāna equilibrados, eu faço a digestão dos quatro tipos de alimento" [130]

Para nosso desapontamento, Kṛṣṇa toma por certo que Arjuna sabe quais são esses quatro tipos de alimento e nada mais diz sobre eles. Cai nas nossas mãos, novamente, a tarefa de descobrir quais são esses quatro tipos de alimento. É verdade que Ādi Śaṁkarācārya, ao comentar esse verso da Gītā, nos informa que os quatro tipos são os que são engolidos inteiros, os que são mastigados, os que são sugados e os que são lambidos. Essa explicação do grande sábio, no entanto, pouco nos ajuda nesse esforço por descobrir qual é o alimento que satisfaz o Paramātmā. Precisaremos procurar apoio em outras fontes literárias, tomando como ponto de partida essa referência da Gītā ao Vaiśvānara, o fogo interno do nosso corpo.

Já mencionamos Vaiśvānara antes, no capítulo sobre a natureza quádrupla da pessoa, onde dissemos que ele é o si-mesmo no corpo. Ele é também um outro nome para o deus do fogo, Agni, que, dentro do corpo, é o agente instrumental da digestão. O conceito de digestão, dentro da Cultura Sânscrita, é rico em significações. O termo *āhāra-pāka*, por exemplo, expressa a digestão do alimento comum, promovida pelo fogo gástrico (simbolizado pelo deus Agni). *Pāka* é a digestão, mas é também o cozimento, ou seja, a preparação do alimento pelo fogo. *Pāka* significa ainda a transformação que conduz ao amadurecimento – *phala-pāka*, por exemplo, é a maturação de um fruto. Como a digestão é produzida pelo fogo, ela é comparada também ao ritual de sacrifício, *yajña*, no qual se lança ao fogo o alimento oferecido para os deuses. Por esta razão o deus do fogo é chamado também de *Devavaktra* ('a boca dos deuses') por ser o caminho pelo qual o alimento é oferecido para o desfrute dos deuses. Fugindo um pouco do padrão, a palavra *karmavipāka* designa a digestão (amadurecimento) das ações[131]. Esse termo sugere que uma pessoa pode se nutrir e fortalecer também empreendendo ações corretas, o que afeta o corpo e o espírito, simultaneamente. Toda informação que entra no fluxo da inspiração do si-mesmo, todo desfrute, serve para alimentar o Paramātmā. O texto abaixo,

---

[130] Bhagavad Gītā 15.14
[131] Yoga Sūtras 2.12 a 2.14

extraído da Kaivalya Upaniṣad, reafirma essa mesma opinião, que vincula a alimentação do corpo ao desfrute experimentado pelo si-mesmo:

"Aquele si-mesmo iludido por Māyā faz todo um corpo para (revestir) seu esqueleto. Com mulher, alimento, bebida e desfrutes variados ele alcança a satisfação, quando está no estado desperto (jāgrat)." [132]

Há um verso da Bṛhadāraṇyaka Upaniṣad (1,3,17) no qual se diz que o prāṇa cantou ritualmente seu próprio alimento – ou seja, o produziu com mantras – e o comeu, pois qualquer que seja o alimento, quem o come é o prāṇa. E o verso seguinte diz que todo este mundo, que é alimento, pertence ao si-mesmo (ātmā). Mais uma vez se vê expressa a opinião, que vimos no capítulo anterior, segundo a qual o prāṇa e o si-mesmo são idênticos e são o único desfrutador do alimento. A mesma Upaniṣad diz ainda:

"Este mundo é apenas o alimento e o comedor do alimento. Soma é o alimento e Agni é o devorador do alimento." [133]

"O alimento é comido pela voz, de fato." [134]

"Quais são os dois deuses? Eles são o alimento e o prāṇa." [135]

O prāṇa cria o alimento, que é o próprio mundo. Logo, é a ação do prāṇa, o movimento de expiração do ātmā, que cria o mundo. E depois disso o próprio prāṇa, no movimento de inspiração do ātmā, desfruta do alimento que ele mesmo criou. O ciclo da alimentação se torna assim uma instância do prāṇāyāma. Os textos védicos revelam um respeito muito grande pelo desfrute, quando o desfrutador é o ātmā. A Īśāvāsya Upaniṣad diz, em seu primeiro verso:

"Todo este mundo é para o desfrute do Īśa, qualquer que seja sua forma de vida (jagat) na terra (jagatī)."

A palavra 'Īśa', que significa 'Senhor', é um sinônimo de Īśvara. Ela é usada para designar o si-mesmo, o ātmā. Isso confirma aquela opinião de que mesmo o desfrute feito através do corpo tem a finalidade de servir ao si-mesmo. É possível, no entanto, levantar uma questão acerca do desfrute do si-mesmo. Segundo a Māṇḍūkya Upaniṣad há três instâncias do si-mesmo dentro de nós: uma para o corpo, uma para a mente e outra para o

---

[132] Kaivalya Upaniṣad 12
[133] Bṛhadāraṇyaka Upaniṣad 1.4.6
[134] Bṛhadāraṇyaka Upaniṣad 2.2.4
[135] Bṛhadāraṇyaka Upaniṣad 3.9.8

coração. A Maitreyyupaniṣad os chama de Bhūtātmā, Pratyak e Paramātmā. A dúvida é: *a qual deles deve servir o desfrute?*

O Paramātmā é o si-mesmo imutável, o Parameśvara que reside no lótus oculto do coração[136]. Pratyak significa 'interno' ou 'virado para trás', uma sugestiva semelhança com o antaḥkaraṇam ('instrumento interno'), ou seja, a mente. Em outras obras Pratyak, o eu da mente, é chamado Jīvātmā. O Bhūtātmā é passivo e obediente aos comandos do Jīvātmā. O yoga trabalha com Jīvātmā, de modo a torná-lo ressonante com o Paramātmā. A Haṭha Yoga Pradīpikā diz:

"A similaridade e unidade de ambos, Jīvātmā e Paramātmā, (...) é chamada de samādhi." [137]

Não comemos apenas para dar sustentabilidade ao corpo, por si mesmo, mas sim para assegurar que o corpo dê a sustentação necessária para a conexão mente-ātmā (ou Jīvātmā-Paramātmā). Essa é a finalidade maior do alimento: dar suporte e qualidade para a cognição, e, como consequência, para a meditação. Na concepção sânscrita, o alimento não é só a comida que ingerimos e digerimos para o sustento do corpo. É também a informação trazida pelo corpo por meio dos órgãos sensoriais. É também cada uma de nossas realizações e suas consequências. É também o pensamento que se constrói em nossa mente e que, como se fosse uma oferenda ao Puruṣa, precisa ser purificado pelo fogo do sacrifício ritual, que dentro de nós é também o fogo digestivo. Diz Kṛṣṇa na Gītā:

"Melhor que o sacrifício feito com bens materiais é o sacrifício do conhecimento, ó Parantapa. Toda ação, sem exceção, ó Pārtha, se resolve no conhecimento." [138]

O prāṇa cria o alimento ao dar sentido e significado a ele, convertendo-o naquilo que pode ser conhecido, ou no próprio conhecimento. Depois o prāṇa consome o alimento dando corpo e movimento a ele, convertendo conhecimento em ação. O prāṇa sacrifica o conhecimento (alimento) lançando-o no fogo, que representa o movimento contínuo das transformações. O mundo inteiro é o alimento criado para o desfrute do senhor, que inevitavelmente é destruído pelo próprio fogo do desfrute do senhor. Resta, ao final da digestão-transformação, apenas a significação do alimento, ou

---

136 Maitreyyupaniṣad 1.12
137 Haṭha Yoga Pradīpikā 4.7
138 Bhagavad Gītā 4.33

seja, o conhecimento perecível é destruído se transforma em entendimento. Tendo em vista que o alimento é produto do prāṇa, que é o sopro do ātmā, pode-se concluir que o entendimento (ou significação) é o alimento mais puro que existe, pois vem diretamente do ātmā. A pureza do alimento é um assunto recorrente, desde o período védico, como atesta, por exemplo, a Chāndogya Upaniṣad:

"Na purificação da alimentação (āhāraśuddhi) está a pureza de sattvam. Na pureza de sattvam está a memória firme. Na restauração da memória imutável está a liberação de todos os nós." [139]

Patañjali, que certamente conhecia com profundidade as upaniṣadas, mostra a importância da *pureza de sattvam*, mencionada nesse trecho citado acima, ao dizer:

"Na igual pureza de sattvam e do Puruṣa está o kaivalyam" [140]

O kaivalyam, que é o objetivo final do meditador, depende da pureza de sattvam se igualar à pureza do Puruṣa. Está fora de questão qualquer especulação que suponha a existência de impureza no Puruṣa. Ele é puro por definição, fonte da consciência e da experiência de primeira pessoa. Mas a upaniṣad adverte que a pureza de sattvam depende da pureza da alimentação. Já vimos que o que se chama de alimentação, na literatura da meditação pode abranger uma variedade de coisas além daquelas que ingerimos para a nutrição do corpo. A pureza da alimentação, portanto, é aquilo que obtemos ao selecionar as palavras que usamos, as informações que coletamos, as ações que promovemos e as significações que atribuímos a tudo isso. Todos eles fazem parte da nossa digestão mental e precisam estar ajustados à nossa natureza mais autêntica, para que possam ser considerados puros.

Vamos agora tentar entender o que é a *pureza de sattvam*. O antaḥkaraṇam está contido no Pradhānam, e por essa razão está sujeito à dinâmica das três características da Natureza material – tamas, rajas e sattvam. A mente, no curso de suas atividades, pode assumir qualquer uma dessas características. Quando predomina a qualidade tamas, a mente adota uma atitude passiva e receptiva, que a conecta mais fortemente às características do corpo material. Essa atitude tamásica é útil, por exemplo, quando precisamos receber novas informações, em um contexto de

---

aprendizado. Quando predomina a qualidade rajas, a mente adota uma atitude reativa e criativa, que a mantem dentro das características da própria natureza mental. Essa atitude rajásica é a mais adequada para o processamento e 'digestão' das informações recebidas. E quando predomina a qualidade sattvam, a mente adota uma atitude de recolhimento e sublimação que a conecta diretamente ao si-mesmo do coração. A atitude sáttvica da mente é a única que importa manter durante o processo da meditação. Por essa razão a literatura da meditação às vezes usa a expressão *'pureza de sattvam'* para dizer *'pureza da mente no estado sattvico'*. Se isso não estiver claro por si mesmo, Vyāsa diz o seguinte em seu comentário:

> *"Quando a 'essência da inteligência' (buddhisattvam), se torna livre das impurezas de rajas e tamas, reduzida à convicção de que é diferente do Puruṣa, e com a semente das perturbações destruída (pelo fogo), então (a inteligência) entrou em um estado de pureza de natureza similar ao do Puruṣa. Então a pureza do Puruṣa é a ausência do desfrute por parte daquele que foi servido (a inteligência da mente)."* [141]

Entre as suas tarefas a mente se encarrega de conectar uma significação a cada um de seus objetos. Esse nexo que a mente cria entre um objeto e seu significado é chamado 'yoga', na gramática do Sânscrito. O conceito gramatical de yoga inclui a atribuição de significados aos alimentos. É possível se alimentar com a intenção de dar prazer ao corpo, ou de saciar o desejo de comer, ou até de se embriagar, e tudo isso são significações dadas ao alimento que fazem dele um obstáculo na busca por uma mente mais leve, mais sáttvica, mais ajustada ao processo da meditação.

Mas é possível também dar ao alimento a tarefa de nutrir a mente para torná-la mais sensível, responsiva ao si-mesmo, mais lúcida, autêntica e atenta. Dar essa outra significação pode estimular nosso discernimento para escolher alimentos que não prejudiquem nosso esforço por alcançar e manter um estado meditativo na mente. Um claro exemplo de atitude sáttvica que dá um sentido superior ao alimento encontra-se no diálogo entre Yudhiṣṭhira e Bhīṣma, relatado pelo Mahābhāratam:

> *"Diz Yudhiṣṭhira:*
>
> *"Fale para mim com clareza, ó conhecedor do dharma, tudo sobre esse assunto que vem propriamente do dharma, e o que deve ser comido ou*

---

[141] Yoga Sūtra Bhāṣya 3.55

que não deve ser comido, isso tudo (fale para mim). (...)" [142]

"Bhīṣma diz:

"(...) Não se encontra nada na Terra que supere o sabor da carne. Para os feridos, os exaustos, os sofredores, para pessoas dadas a vulgaridades, para os entregues ao desejo, e para os desgastados por viagens, não se encontra algo melhor do que a carne. Aumenta imediatamente a vitalidade e dá a parte mais importante da nutrição. Nenhum alimento é superior à carne, ó destruidor de inimigos.

"No entanto, são muitos os benefícios, ó alegria dos Kurus, que surgem para as pessoas que renunciam (à carne). Vou descrevê-los. Escuta:

"Não há ninguém mais baixo do que aquele que quer fazer crescer a própria carne com a carne de outros. Esse é o homem mais cruel. De fato, não há coisa mais amada, no mundo, do que a vida. Por essa razão a pessoa deve cultivar compaixão pelos outros, tal como (espera) para si mesma." [143] *(...)*

"(...) Ouvimos dizer que 'aquele que sente compaixão pelos outros, não tem medo deles. Seu destemor é uma dádiva das criaturas'. Esteja ele ferido, desequilibrado, caído, arrastado, abatido, todas as criaturas o protegem, em condições favoráveis ou desfavoráveis. Nem animais predadores o ferem, nem fantasmas, nem demônios. É libertado, no momento do perigo, aquele que livra os outros do medo. Nunca existiu nem jamais existirá uma dádiva maior do que a dádiva da vida. Nada existe que seja mais amado pela própria pessoa, sem dúvida." [144]

"Não-violência é o dharma supremo. Não-violência é o controle supremo. Não-violência é o dom supremo. Não-violência é a penitência suprema. Não-violência é o sacrifício supremo. Não-violência é o resultado supremo. Não-violência é o amigo supremo. Não-violência é o bem-estar supremo. (...) A pessoa não-violenta é como uma mãe ou como um pai para todas as criaturas." [145]

Essas falas de Bhīṣma foram extraídas de um diálogo mais longo, no qual ele responde à simples questão de comer ou não comer carne. Sua

---

[142] Mahābhāratam 13.116.5
[143] Mahābhāratam 13.116.7 a 13.116.12
[144] Mahābhāratam 13.116.23 a 13.116.26
[145] Mahābhāratam 13.116.38 a 13.116.41

linha de pensamento vai do grosseiro ao sutil, partindo dos benefícios da ingestão da carne para nutrir o corpo, e segue depois apresentando argumentos de natureza ética em favor dos benefícios espirituais de se abster de comê-la. Esse tipo de reflexão que ele desenvolve aqui ajuda também a mente a encontrar uma disposição mais sáttvica. E, continuando por esse mesmo caminho, chega-se facilmente à conclusão de que o alimento adequado pode conduzir a mente ao modo de sattvam. Ao alcançar a pureza de sattvam, a mente se torna um espelho do Paramātmā, o que faz do alimento um componente importante no processo da meditação.

Não é apenas o alimento que tem o poder de transformar a mente em uma ferramenta mais ajustada às necessidades da meditação. Há uma transformação tríplice, promovida na mente pelo próprio ato da meditação, da qual vamos tratar no próximo capítulo.

15. As Transformações da Mente

A palavra mais popular para designar a meditação, em Sânscrito, é dhyānam, sem dúvida. No entanto, parece que Patañjali não estava muito satisfeito com o alcance semântico dessa palavra, pois ele trouxe mais duas outras palavras que, combinadas com dhyānam, poderiam expressar com mais precisão a ideia de 'meditação'. Isso acontece no terceiro capítulo dos Yoga Sūtras, onde dhyānam aparece como um dos componentes do *saṁyama*, o novo sinônimo para a meditação. O Saṁyama traz para o dhyānam o reforço de mais dois componentes: a dhāraṇā e o samādhi. Os três fazem parte da lista de oito componentes do método oferecido pelo Yoga para a prática da meditação. Patañjali define assim seu conceito de meditação:

> *"A dhāraṇā é a fixação de cittam em um território. Lá (nesse território), dhyānam é a atenção (ekatānatā) na experiência (pratyaya). Samādhi é exatamente isso, (dhyānam), limitado à mera significação (da experiência), como se (estivesse) esvaziado de sua forma própria. Os três em um são o saṁyama."* [146]

'Dhāraṇā' significa, literalmente, 'sustentação'. Sua prática consiste em trazer o objeto de atenção, seja ele qual for, para o lado conceitual e subjetivo da mente, deixando de lado as suas características objetivas. A dhāraṇā conecta cittam com firmeza ao território do coração – a tela sobre a qual o Puruṣa projeta suas significações. Com isso a mente ganha uma base sólida de referência para sustentar as suas crenças ou opiniões, assegurando a coerência de suas atividades com a natureza do si-mesmo. A prática da dhāraṇā produz, como resultado direto, o recolhimento das

---

atividades da mente – *nirodha* – para dentro do seu espaço interno (no coração) conforme predicado por Patañjali no sūtra 1,2:

"yoga é o recolhimento das atividades de cittam." [147]

Dhyānam exercita a capacidade de fixar a luneta interna da mente em um único objeto, usando somente a perspectiva de primeira pessoa. Para ter sucesso com dhyānam é preciso ajustar o foco nas duas pontas da luneta. A objetiva da luneta precisa se fixar no dhyeyam, o objeto da meditação, que na verdade é uma imagem subjetiva projetada na tela mental. A dhāraṇā tem as ferramentas adequadas para cumprir essa tarefa de fixar a atenção de cittam no objeto de sua meditação, resolvendo assim a ponta objetiva da luneta. Na outra extremidade da luneta, a mente entregue à prática do dhyānam se esforça por ajustar a ocular ao olhar atento do observador interno (draṣṭā), ou seja, do Puruṣa. O ajuste correto da luneta depende de a mente estar protegida contra as perturbações, para que possa ser alcançado com mais facilidade o estado de samādhi. Se o esforço tiver sucesso, o resultado de dhyānam será uma mente livre de perturbações. Diz Patañjali:

"As atividades das perturbações devem ser destruídas por dhyānam" [148]

O esforço em dhyānam para libertar a mente do assédio das perturbações precisa ser capaz de promover o assentamento de cittam (citta-prasādanam). Sem o assentamento da mente é impossível alcançar o samādhi. Patañjali propõe um pequeno truque para garantir o sucesso nessa tarefa:

"[O assentamento de cittam] resulta da meditação (dhyānam) naquilo que é agradável." [149]

Vyāsa comenta este sūtra:

"Deve-se meditar apenas naquilo que é agradável (abhimata). Tendo (a mente) obtido estabilidade ali (nesse objeto agradável), também terá obtido a posição (padam) de estabilidade em outros objetos." [150]

É importante entender o significado de 'meditar no que é agradável'. O objeto de meditação é agradável quando tem uma relação positiva com

---

[147] Yoga Sūtras 1.2
[148] Yoga Sūtras 2.11
[149] Yoga Sūtras 1.39
[150] Yoga Sūtra Bhāṣya 1.39

a vocação do meditador. Uma pessoa cuja vocação é lidar com vegetais, percebe um livro de Botânica como um objeto agradável. Seu dharma evoca significações originárias do Puruṣa que associam ao livro conceitos como 'interessante', 'importante' e 'agradável'. Por essa razão, ao dar atenção a esse objeto agradável aproxima mais a mente da natureza do Puruṣa. O resultado dessa aproximação é o *samādhi*.

A partir do estabelecimento do samādhi, a mente entrega seu comando ao Īśvara e não interfere mais na cognição. Seu objetivo passa a ser apenas o de dar conforto e estabilidade à condição *ekāgratā*, na qual o foco meditativo pode permanecer firmemente vinculado ao Puruṣa. Essa é a condição na qual a mente se entrega à tarefa de apenas registrar na memória a significação natural atribuída pelo si-mesmo ao objeto da meditação. Na gramática do Sânscrito, a conexão entre um sinal ou palavra e seu significado se chama 'yoga' e só se realiza nos momentos em que a mente está operando em conjunto com o Puruṣa, ou seja, quando está em samādhi.

O saṁyama, portanto, resolve as duas pontas soltas da luneta da mente, dando a ela mais lastro, tornando-a mais produtiva, em termos concretos. No decorrer dessas ações, cittam é transformado e fortalecido pela prática do saṁyama, ou seja, a mente fica mais poderosa, tanto para o bem quanto para o mal. Na mente de cada pessoa, é bom lembrar, há muitos núcleos mentais (cittāni), cada um deles produzindo vāsanās e tentando prevalecer sobre os demais, alternando-se no comando do antaḥkaraṇam (instrumento interno). Mas apenas um deles tem o poder de cortar o impulso da mente para a atividade externa. Esse único núcleo mental não produz vāsanās (pensamentos reativos). Só ele é capaz de produzir o recolhimento das atividades da mente. Ele é exatamente o núcleo que queremos empoderar com as transformações produzidas pelo saṁyama. Ele é a ponte estreita que conduz ao si-mesmo e que reorienta a vocação da mente para seguir a inspiração do seu próprio dharma.

Os dois focos do processo cognitivo, um no sujeito que observa e o outro no objeto observado, são as duas pontas soltas de dhyānam, resolvidas pelo acréscimo da dhāraṇā e do samādhi ao processo da meditação. Os dois focos são o assunto que será abordado com um pouco mais de detalhes no próximo capítulo. No momento é conveniente desvendar qual é o impacto transformador do saṁyama sobre a mente.

Dos oito componentes da meditação do Yoga, a dhāraṇā, o dhyānam e o samādhi são chamados, em conjunto 'componente interno', por Patañjali.

Os demais são implicitamente qualificados como 'componentes externos' do método (sādhanam). Patañjali também afirma que os mesmos três componentes são um componente externo do yoga 'sem sementes' (nirbīja). A tabela abaixo apresenta sucintamente essas informações.

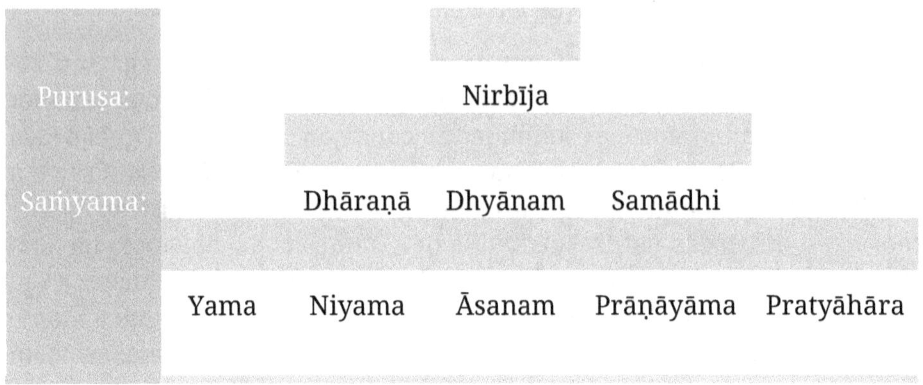

Puruṣa:			Nirbīja		
Saṁyama:		Dhāraṇā	Dhyānam	Samādhi	
	Yama	Niyama	Āsanam	Prāṇāyāma	Pratyāhāra

Tabela 4 – Sādhanam da meditação no Yoga.

Este quadro revela a hierarquia que Patañjali enxergou no processo da meditação, proposto pela doutrina do Yoga. A linha de baixo, na tabela, reúne os cinco componentes 'externos' do sādhanam da meditação. Todos eles estão relacionados a práticas que introduzem alterações perceptíveis no comportamento do meditador, especialmente no que se refere às atividades corporais.

A linha intermediária reúne os três componentes 'internos', ou saṁyama, que operam exclusivamente sobre a mente, sem deixar sinais externos perceptíveis. Patañjali usa o nome 'saṁyama' para designar a meditação em um contexto maior, que vai além das limitações de 'dhyānam'. O poder da meditação (dhyānam) é ampliado pela presença da dhāraṇā e do samādhi. Amparada por esse reforço, a meditação pode produzir transformações importantes na mente. O saṁyama atua apenas na esfera da subjetividade, dando à mente a oportunidade de se fixar na sua condição sáttvica, aproximando-se da natureza do Puruṣa – cuja condição natural é a subjetividade absoluta.

A linha superior da tabela mostra apenas o nirbīja samādhi, que pode ser considerado como o nono componente do método, embora o sistema do yoga declare apenas oito. A razão para a discrepância de números se explica pelo fato de que o método contempla apenas as práticas que utilizam a mente – que é a ferramenta de trabalho do Puruṣa. O nirbīja samādhi é produzido quando a mente, tendo encontrado seu limite de atuação, se retira completamente de cena para que o Puruṣa assuma isoladamente o controle sobre o processo da meditação. Por isso ele não entra na conta dos componentes da prática da meditação. Vyāsa descreve o que acontece quando o meditador chega ao nirbīja:

> *"(...) a partir desse ponto a mente, encerrada sua jurisdição, retorna (para o seu território) junto com os hábitos conducentes ao 'isolamento' (kaivalyam). Nesse retorno (da mente) o Puruṣa se ergue na grandiosidade de sua natureza autêntica, ou seja, puro, isolado, livre. Assim é dito."* [151]

Vyāsa já havia explicado que há uma variedade de samādhis, alguns dos quais não têm serventia para o meditador. Aqui ele distingue apenas dois tipos, um dos quais, que Patañjali chama de 'sabīja' ('com semente'), se cultiva através do esforço de sutilização da mente para conectá-la ao Puruṣa, enquanto o outro, o nirbīja, só se pode conquistar deixando a mente fora do processo. A distinção relatada por Vyāsa chega a colocar uma contraposição entre os dois. Ele diz que o nirbīja samādhi bloqueia a intuição do samādhi (mental) e todos os hábitos produzidos a partir de intuições. Mas o fato é que o sabīja samādhi é uma parte importante do caminho natural para conduzir a mente até os pés do Puruṣa. As outras partes são a dhāraṇā e o dhyānam – ou seja, o caminho é o saṁyama.

O caminho que conduz ao Puruṣa se percorre em três passos, que são três transformações (*pariṇāmatrayam*) pelas quais a mente deve passar antes de entregar seu comando ao Puruṣa. Paradoxalmente, essas transformações fortalecem o núcleo da mente, ao mesmo tempo que o preparam para renunciar a qualquer poder que tenha sido obtido. Patañjali descreve as transformações da mente no terceiro capítulo dos Yoga Sūtras, intitulado 'vibhūti', ou seja, 'poder':

> *"A transformação pelo recolhimento é a conexão de cittam aos momentos de recolhimento, com a redução dos hábitos que conduzem à dispersão e o surgimento de hábitos que conduzem ao recolhimento. Por causa do hábito, seu fluir é pacífico."* [152]

A primeira transformação que acontece em cittam é promovida pelo *recolhimento*. Ela é pacífica porque trabalha apenas sobre hábitos,

---

[151] Yoga Sūtra Bhāṣya 1.51
[152] Yoga Sūtras 3.9 e 3.10

eliminando os automatismos que arrastam a mente para um estado de dispersão. Reconhecida por estimular o cultivo de hábitos que conduzem a mente a um recolhimento confortável, essa transformação favorece a chegada e permanência da mente na condição serena do samādhi. No capítulo anterior dissemos que o recolhimento tem relação com o pratyāhāra, como uma versão externalizada do nirodha. No pratyāhāra as atividades sensoriais do corpo são trazidas para dentro do espaço subjetivo da mente. Agora são as atividades da mente que se recolhem ao coração – como uma oferenda ao eu transcendental, ao Paramātmā (ou Puruṣa).

Por resultar no fortalecimento do samādhi, a primeira transformação de cittam viabiliza a transformação seguinte. Patañjali diz:

"A transformação de cittam pelo samādhi se faz pela destruição da multiplicidade de significações e pelo fortalecimento do foco (ekāgratā)." [153]

A segunda transformação de cittam é produzida pelo sabīja samādhi. Pelo fato de a mente estar estabilizada no samādhi, se torna possível alcançar e preservar a condição ekāgratā, na qual ela abandona sua tendência à distração e à multiplicidade de focos. Cittam deixa de buscar significações variadas para seu objeto e se fixa em um único significado – idealmente, aquele que chega apenas pelo foco que aponta diretamente para o Puruṣa.

Vyāsa comenta, acerca da segunda transformação, que tanto a multiplicidade de focos quanto a capacidade de concentração em um único foco fazem parte da natureza da mente. Ela se sente obrigada a seguir essas duas disposições, como um impulso natural. Essa mente é ajustada (à qualidade sattvam, que a conecta ao Puruṣa) em razão de seu próprio esforço por destruir e fortalecer aquelas duas condições, respectivamente. Essa é a transformação de cittam pelo samādhi.

Patañjali apresenta, ainda a terceira transformação da mente:

"Nesse caso, novamente, a transformação de cittam pela ekāgratā (condição em que há apenas um foco) é a experiência do objeto em foco (udita), com um pano de fundo (śāntatulya)." [154]

A terceira transformação de cittam, é facilitada pela ekāgratā. O foco único conduz a atenção de cittam para apenas um objeto mental que se destaca, e ao mesmo tempo reúne todos os demais conceitos relacionados

---

[153] Yoga Sūtras 3.11
[154] Yoga Sūtras 3.12

a esse objeto em uma massa difusa, que passa a formar um pano de fundo. Então cittam concentra sua atenção nesse único objeto, dando a ele a visibilidade de uma experiência de primeira pessoa (pratyaya). A explicação de Vyāsa ajuda a entender melhor este sūtra:

> *"Para a mente ajustada, a experiência anterior é o pano de fundo, a experiência semelhante e posterior é o destaque. A mente em samādhi, acompanhada dessas duas experiências, reproduz o mesmo ciclo, da mesma maneira, em razão de sua falha em deixar o samādhi. Esta, certamente, é a transformação da mente que recebe o dharma, pela ekāgratā."* [155]

Essa descrição da terceira transformação da mente, já ajustada ao samādhi, mostra que ela precisa dar um último passo quando atinge o estado ekāgratā e entrega a sua atenção a um objeto. Devido à instabilidade do mundo manifestado, esse objeto acabará por se fundir ao 'pano de fundo', e um novo objeto tomará a posição de destaque. Para interromper esse ciclo, a mente precisa renunciar ao sabīja samādhi. Se ela não se desapegar desse samādhi, será impedida de alcançar o nirbīja samādhi. Isso acontece porque cittam, a mente, pertence à Natureza material, e, como diz Śaṅkara no seu comentário aos Sūtras:

> *"A atividade dos guṇas (qualidades materiais) é movimento. Assim também são as coisas produzidas pelos guṇas. Instáveis são as condições dessas transformações, em seu conjunto. É preciso uma inspiração de desapego."* [156]

A mente, pelo ponto de vista do Yoga, está sujeita às qualidades que caracterizam o comportamento de qualquer entidade material. Essas qualidades determinam, por exemplo, que os corpos estão permanentemente sujeitos a transformações. Até mesmo o sabīja samādhi da mente, que a conecta com o Puruṣa, é instável e impermanente. A tripla transformação da mente, quando chega ao seu terceiro passo, acionada novamente pelas mudanças do objeto, retorna novamente ao seu início – ao recolhimento – e entra em um ciclo contínuo que só se encerra com um ato de desapego.

As três transformações da mente, produzidas pelo saṁyama, têm por objetivo imprimir sobre a mente e o corpo aquelas características do Puruṣa que podem se manifestar no mundo material como significações

---

[155] Yoga Sūtra Bhāṣya 3.12
[156] Yoga Sūtra Bhāṣya Vivaraṇa 3.12

atribuídas aos objetos. Essas características "materializáveis" do si-mesmo constituem o dharma, e a mente ou o corpo que recebe essas características é chamado 'dharmin'. No entanto, o fato de o objeto estar em destaque ou estar fundido ao pano de fundo não tem relação com o dharma. Esse fato tem a ver com a marcha da atenção, que salta para um novo objeto de seu interesse enquanto se move na linha do tempo.

Para encerrar este assunto, Patañjali diz o seguinte:

"Assim são explicadas as transformações do modo como se manifestam os sinais do dharma nos elementos e nos órgãos (ou seja, no corpo). (No entanto), o dharmin (o corpo que recebe os sinais do dharma) não pode ser descrito como indistinto (śānta) ou destacado (udita) em razão de seu dharma. A diferença no andamento é a causa da diferença nas transformações. Da meditação (saṁyama) sobre a tripla transformação (surge) o conhecimento do passado e do futuro." [157]

O saṁyama gratifica o meditador com três transformações em sua mente, tornando-a mais forte e mais focada. Os dois focos da atenção, o do sujeito e o do objeto, são fortalecidos nesse processo cíclico.

Agora já é possível examinar com um pouco mais de profundidade a questão dos dois focos da meditação. É isso, exatamente, o que faremos no próximo capítulo.

---

[157] Yoga Sūtras 3.13 a 3.16

16. O Foco Meditativo

O fenômeno da cognição depende da presença de dois elementos indispensáveis: um sujeito que observa e um objeto que é observado. Cada um deles ocupa seu próprio território (*deśa*), em uma localização que pode ser traduzida pela ideia de 'foco'. São dois territórios, dois focos opostos, mas, quando se pensa em identificar algum foco no processo cognitivo, quase sempre o foco lembrado é aquele que aponta para o objeto. Raramente alguém se lembra daquele segundo foco, que aponta para dentro, para o sujeito. O foco interno nunca deveria ser esquecido pelo meditador. Sem ele, torna-se impossível a meditação.

Descuidada desse foco interno, a mente acaba por se afastar do si-mesmo, indo buscar as significações indiretamente, através de conhecimentos produzidos por outras mentes. Isso pode ser ruim, se esses conhecimentos, frutos do dharma de outros, forem inadequados ao dharma do indivíduo que os adota. Diz a Bhagavad Gītā:

"É melhor o seu próprio dharma (svadharma), sem qualidade, do que o dharma de outro (paradharma), bem executado. É melhor a morte no próprio dharma, (pois) o dharma de outro traz perigo." [158]

O 'outro', pelo ponto de vista do Yoga, não se refere apenas a uma outra pessoa, como talvez possa parecer, mas também a outros núcleos dentro da mente da mesma pessoa. Esses núcleos da mente foram descritos brevemente no capítulo 13, mas é neste assunto dos focos que eles mostram toda a sua complexidade. Cada um deles pode receber o foco interno da meditação, mas só um desses incontáveis núcleos torna possível a conexão

---

[158] Bhagavad Gītā 3.35

direta com o Puruṣa. Cada núcleo funciona individualmente como um cittam completo, capaz de produzir as cinco atividades mentais elencadas por Patañjali: evidência, inventividade, imaginação, sono e memória.

A memória é a atividade da mente que melhor conecta um indivíduo ao Puruṣa, porque assegura para ele uma biografia e uma personalidade. Quem perde a memória, perde a identidade. Mas não perde tudo. A parte mais importante da memória, produzida pela presença do Puruṣa, é aquela que a tradição sânscrita chama de *svadharma* – que, felizmente, não se perde ainda que todo o restante da memória da mente se desvaneça. Essa memória imperecível, pura, subsiste na mente como vocação, impulso ou tendência, ou seja, como o dharma impresso no corpo objetivo e subjetivo. Emanada diretamente do Puruṣa, ela dá significado à vida e modela os pensamentos, definindo preferências e orientando decisões. Kṛṣṇa, falando como o Puruṣa, afirma o seguinte:

"Eu estou instalado no coração de todos. De mim vêm a memória, o conhecimento e o debate. (...)." [159]

Essa memória que provém do Puruṣa já vem pura, fornecendo a infraestrutura para a natureza autêntica do meditador. O resultado da presença dessa memória dhármica é o *ajustamento da ação*. A forma mais simples de meditação, portanto, consiste em apenas realizar o próprio dharma, ou seja, 'lembrar-se' do Puruṣa. Lembrar-se do si-mesmo é a melhor maneira de colocá-lo no foco do sujeito. Kṛṣṇa diz, na Gītā, que esse encontro com o si-mesmo não é difícil:

"Aquele que, com a mente constantemente focada, sempre se lembra de mim, para esse yogui que está sempre ajustado eu sou fácil de encontrar." [160]

Kṛṣṇa fala colocando-se no papel do si-mesmo de Arjuna. Lembrar-se do si-mesmo significa dar o foco subjetivo da atenção ao Puruṣa. Dessa maneira a mente, voltando à condição de mero instrumento, devolve ao Puruṣa seu papel original de sujeito da experiência. Mas se deve manter em vista que isso só funciona para um único núcleo mental, entre os muitos que disputam o controle sobre o espaço interno da mente. Se esse cittam especial não estiver fortalecido pelas transformações promovidas pela meditação (saṁyama), o meditador corre o risco de ter sua mente perturbada

---

159 Bhagavad Gītā 15.15
160 Bhagavad Gītā 8.14

por uma grande confusão, com suas memórias se misturando a memórias que não são suas, ou que não são reais. Só o núcleo mental que dá acesso ao Puruṣa pode integrar todas as variadas inteligências e memórias em um todo coerente com o svadharma. Vyāsa comenta esse ponto:

"Se uma mente puder ser apreendida por outra mente, por quem é apreendida a inteligência da inteligência? E essa também por outra, e ainda por mais outra. Isso é a sobreposição (de inteligências) e a confusão de memórias. Serão obtidas tantas memórias quantas forem as experiências das inteligências da inteligência. E, por causa da confusão, pode haver incertezas sobre cada memória. (...). Mas o Sāṁkhya, o Yoga e outras doutrinas concordam, com suas próprias palavras, que o Puruṣa é o único Senhor e desfrutador da mente." [161]

Os versos abaixo, da Bhagavad Gītā, tratam do mesmo assunto:

"O homem que pensa (com) os objetos (materiais) cria um apego por eles. Do apego se cria um desejo, e do desejo surge a raiva.

"Da raiva surge a ilusão. Da ilusão (surge) a confusão na memória. Da confusão de memórias vem a perda da inteligência. Por causa da perda da inteligência (esse homem) desaparece.

"Conduzindo-se com os sentidos voltados para os objetos, mas livres do desejo e da aversão, e comandados pelo si-mesmo (ātmā), aquele que se sujeita ao si-mesmo segue com segurança para a serenidade.

"Na serenidade deste (homem) surge a destruição de todos os sofrimentos. Por causa da consciência serena, a inteligência (buddhi) rapidamente encontra sua firmeza." [162]

A inteligência (buddhi) e a memória de cada um dos inumeráveis núcleos da mente devem estar afinadas com a inteligência e memória cujo foco interno aponta para o Puruṣa. O único jeito de remover a confusão da mente é convencê-la a entregar a visão ao Puruṣa, de modo a assegurar que apenas suas próprias significações sejam evocadas. A maneira correta de assegurar a presença do Puruṣa no foco do sujeito da visão é chamada, por Patañjali, de Kriyā Yoga – o ajustamento da ação. Formado por três dos componentes do Niyama, o Kriyā Yoga é apresentado logo no início do segundo capítulo dos Yoga Sūtras, e detalhado um pouco adiante:

---

[161] Yoga Sūtra Bhāṣya 4.21
[162] Bhagavad Gītā 2.62 a 2.65

"O ajustamento da ação é a purificação (tapas), a observação de si mesmo (svādhyāya) e a entrega ao Īśvara (Īśvarapraṇidhānam). Tem por finalidade produzir o samādhi e minimizar as perturbações." [163]

"Da destruição das impurezas pela purificação surge a perfeição dos sentidos corporais. Da observação de si mesmo vem a integração com a divindade de sua escolha (Iṣṭā Devatā). Da entrega ao Īśvara vem a perfeição do samādhi." [164]

Os três componentes do ajustamento da ação atuam sobre o foco meditativo da cognição. A purificação promovida por *tapas* elimina desse foco interno as presenças que não estejam afinadas com o dharma pessoal. Com isso, a cognição ganha um certo senso crítico, tornando-se mais transparente – como se os sentidos corporais funcionassem próximos da perfeição. O segundo componente do Kriyā Yoga, *svādhyāya,* atua sobre o autoconhecimento, facilitando a escolha do canal sensorial (*devatā*) que servirá de caminho para a integração da mente com o Īśvara. A origem da palavra 'svādhyāya' é o verbo 'adhī', que significa 'observar', 'ficar atento'. É notável o fato da palavra 'devatā' (divindade) permitir uma leitura religiosa, de caráter devocional, mas também permitir uma leitura filosófica, na qual ela denota cada um dos cinco sentidos. De fato, quando Ādi Śaṁkarācārya elabora a doutrina Smarta para o Dharma Hindu, ele contempla exatamente cinco 'iṣṭadevatās' – até mesmo o número coincide: Gaṇeśa, Viṣṇu, Śakti, Śiva e Sūrya.

O terceiro e último componente do Kriyā Yoga, *Īśvara praṇidhānam,* corresponde exatamente à entrega do foco interno da atenção ao Puruṣa, produzindo como resultado o samādhi. Por esta razão, este componente aparece também no primeiro capítulo dos Yoga Sūtras[165], que trata especificamente do samādhi, no trecho em que o Īśvara é descrito como um dos aspectos assumidos pelo Puruṣa.

Há razões para acreditar que essa fórmula apresentada por Patañjali para resolver a fixação do foco interno meditativo não é original. A proposta de um ajustamento da ação permeia toda a Bhagavad Gītā, onde a ação adequada (ajustada ao si-mesmo) é chamada de 'niyataṁ karma' – a conduta que leva à realização do svadharma. Note que a palavra 'niyata',

---

[163] Yoga Sūtras 2.1 e 2.2
[164] Yoga Sūtras 2.43 a 2.45
[165] Yoga Sūtras 1.23

'recolhido para dentro', tem grande proximidade com 'niyama', 'controle interno'. As duas derivam do verbo 'ni-yam', 'reter internamente'. O ajustamento da ação, na Gītā, se chama Karma Yoga:

> *"Aquele que, tendo com a mente subjugado os órgãos de ação, assenta-se com o espírito iludido (vimūḍha) evocando na memória os objetos dos sentidos, este é chamado de falso.*

> *"Mas aquele que, tendo subjugado os órgãos de ação com a mente, ó Arjuna, começa a praticar com os órgãos de ação o ajustamento de seus atos (karmayoga), desapegado, esse se destaca.*

> *"Faz, tu mesmo, a ação adequada (niyataṁ karma) – a ação é de fato superior à não-ação (omissão). Nem mesmo a tua caminhada corporal poderia se completar, se estivesse entregue à inação."* [166]

> *"É melhor o seu próprio dharma sem qualidade do que o dharma de outro bem executado. Fazendo a ação adequada à sua própria natureza, não se incorre em pecado."* [167]

Niyataṁ karma é a ação inspirada pelo svadharma, que só se torna possível quando o foco do sujeito da ação aponta para o si-mesmo, o Puruṣa. De acordo com os ensinamentos do yoga, ao fazer a mente se assentar com tranquilidade no centro do espaço interno, protegida de interferências externas, consegue-se assegurar a presença do si-mesmo no foco do sujeito. A mente assentada encontra com facilidade a sua fonte do dharma, aquele único núcleo mental dotado da capacidade de produzir o recolhimento das atividades mentais. Ele é o único *cittam* que dá significação à vida do meditador. Ele liberta o indivíduo de seus desejos, pois revela que ele já possui tudo aquilo que mais aprecia, pois o svadharma é a própria estrutura que dá forma e sustentação ao seu espaço interno.

O ajustamento da ação, segundo a Gītā, depende de um ajustamento da memória, pois o meditador não pode evocar na memória os objetos dos sentidos. De acordo com a tradição sânscrita, a memória tem dois modos de se construir que se complementam: perturbado e não perturbado. A memória perturbada é aquela que recebe a interferência de eventos e objetos externos, e tem natureza objetiva, equivalente a um relato de terceira pessoa. Já a memória não perturbada é não-localizada e se desenvolve subjetivamente, com independência em relação a quaisquer fenômenos

---

[166] Bhagavad Gītā 3.6 a 3.8
[167] Bhagavad Gītā 18.47

externos à pessoa que dela desfruta. Não remete a objetos, mas tão somente ao sujeito. Só pode ser expressa por imagens poéticas cuja significação é de primeira pessoa, e que remetem diretamente aos fundamentos míticos da mente. Patañjali coloca a memória entre as cinco atividades básicas da mente e sua importância começa a se revelar quando é listada como uma das três ferramentas que permitem ao meditador capturar uma intuição:

"O [saṁprajñāta] de outros tem sua origem em uma intuição do samādhi retida pela memória, pela firme disposição e pela fé." [168]

O termo 'saṁprajñāta' é utilizado por Patañjali para designar uma intuição (prajñā) produzida somente pelo samādhi, quando ele toca a consciência. Essa experiência intuitiva, quando percebida, é útil para o meditador como um indicador da intensidade ou da proximidade do samādhi. A importância da memória para capturar o saṁprajñāta é confirmada pelo comentário de Vyāsa:

"A experiência desse método é (adequada) para os yoguis. A fé é o assentamento da mente (cetas). Como uma mãe bondosa, ela protege o yogui. Certamente a firme disposição surge para o fiel buscador do discernimento. A memória se fixa junto daquele em quem surgiu a firme disposição. E, na fixação da memória, a mente livre da confusão é colocada em samādhi. Para a mente em samādhi surge o discernimento da intuição, por meio do qual percebe o objeto (vastu) como significado. Da prática continuada (desse método) e do desapego ao objeto (viṣaya) (surge) o samādhi não-saṁprajñāta." [169]

Como a memória pode existir perturbada ou não perturbada, dá para perceber que aqui Vyāsa está fazendo referência à memória não perturbada (akliṣṭa). Isto significa memória com sabedoria, ou seja, memória purificada. Sobre isso diz Patañjali:

"Na purificação da memória, o 'pensamento desprovido da experiência corporal' (nirvitarka), está como se esvaziado de sua forma própria, limitado à mera significação (da experiência). Dessa maneira são explicados também a reflexão e o (pensamento) desprovido de reflexão, em uma esfera sutil. O grau de sutileza vai até a condição 'aliṅgam'." [170]

---

[168] Yoga Sūtras 1.20
[169] Yoga Sūtra Bhāṣya 1.20
[170] Yoga Sūtras 1.43 a 1.45

A memória já é a mais subjetiva das cinco atividades mentais a que Patañjali se refere em seus Sūtras. Quando ele se refere à purificação da memória, ele dá a ela o status de porta de escape do universo material, pois seu grau de sutileza se estende até o 'aliṅgam' ('aquele que não tem sinais distintivos'). Essa é justamente a condição em que se encontra o imanifestado pradhānam, a matéria original não diferenciada. A purificação da memória, portanto, pode dar um forte impulso na purificação da mente, tornando-a mais sáttvica e propensa a encontrar o Puruṣa dentro do processo da meditação. Para deixar ainda mais clara essa importância da memória, Patañjali repete as mesmas palavras usadas nos sūtras acima citados, na sua breve definição para o samādhi:

"Samādhi é apenas isso, (dhyānam), limitado à mera significação (da experiência), como se (estivesse) esvaziado de sua forma própria." [171]

A mente, aqui, produz o pensamento meditativo, dhyānam, e a purificação da memória está subentendida, pois sem ela não se sustenta o pensamento meditativo. A purificação da memória é o ato remover o passado do papel de fundamento para o presente. Na memória purificada as informações fatuais do passado não existem mais, e só o que se pode extrair dele são as significações de natureza sutil, convertidas em mitos que se ajustam apenas ao tempo narrativo, eternamente presente. O desapego em relação às ocorrências passadas purifica as memórias, e nesse processo, conduz ao samādhi cultivado, aquele que é chamado de 'sabīja', ou seja, 'com semente'. O desapego em relação aos fatos passados prepara o meditador para o inesperado e lhe dá a inspiração necessária, a qualquer momento, para recomeçar a sua história.

Pelo ajustamento das ações, as informações memorizadas sobre elas se 'mitologizam', ou seja, se purificam, convertendo-se em narrativas míticas – tipicamente expressões da inspiração e expiração do Puruṣa. Por meio delas o meditador pode conhecer e narrar sua própria história em uma versão épica, que a Cultura Sânscrita reputa como a verdadeira história de sua vida. Assim como a mitologização do corpo faz do organismo material uma miniatura do universo, na qual vivem e atuam todos os personagens das narrativas míticas, assim também acontece com as ações, quando são ajustadas ao dharma. Elas também se convertem em microuniversos. Vyāsa não deixa dúvidas quanto a isso, em seu comentário sobre o svādhyāya (a 'observação de si mesmo'):

"Os devas, os ṛṣis e os siddhas se tornam visíveis para aquele que habitualmente pratica a observação de si mesmo. E residem na obra dessa pessoa" [172]

O estado meditativo é aquele no qual a mente se mantém equilibrada e neutra, apoiada nos dois focos da meditação. É relativamente fácil manter o foco no objeto, pois as pequenas variações no foco atentivo são normais e acontecem o tempo todo. Elas ajudam, em geral, a construir uma ideia mais clara acerca do objeto da percepção. O difícil é recuperar o foco meditativo, pois, quando ele se perde, se perde junto com ele o discernimento e a intuição. O 'ajustamento da ação' (Karma ou Kriyā Yoga) contorna essa dificuldade e põe a casa em ordem, assentando o foco subjetivo da mente sobre o Puruṣa. Resta, portanto, regular a atenção que a mente coloca no processo da meditação, de modo a consolidar o controle conquistado sobre as ações. Afinal, diz a Gītā:

"(...) Por isso, ajusta-te ao Yoga. Yoga é a excelência nas ações." [173]

---

[172] Yoga Sūtra Bhāṣya 2.44
[173] Bhagavad Gītā 2.50

17. Afinando a Atenção

Sua atenção é muito valiosa, e não apenas para você, como um dom natural precioso, mas falando em valor econômico, mesmo, valor de mercado. Talvez pensando em escala pessoal, seja um pouco difícil precificar a sua atenção, mas faça novamente as contas, calculando coletivamente quanto vale a atenção do mercado para o comerciante, o industrial, o político, o prestador de serviços. Basta dar uma olhada nos imensos valores dispendidos diariamente nas contas publicitárias para perceber sua importância no mundo econômico. Talvez não seja tão surpreendente o fato de que a atenção das pessoas é a única força deste mundo capaz de movimentar as engrenagens da Economia. O primeiro mandamento para quem busca o sucesso nos negócios é conhecer para onde vai, a cada momento, a atenção do mercado. E o segundo mandamento é ajustar-se a essa força, para que o seu negócio esteja sempre a favor dos interesses do mercado.

Voltando aos domínios da meditação, a atenção tem aqui também um importante papel a desempenhar na economia das significações que movimentam valores dentro da mente. A diferença é que a gratificação pelo esforço realizado em busca do sucesso na atenção não vem na forma de bens materiais, mas na forma de felicidade (*ānanda*). A felicidade será o tema do próximo capítulo. Por agora é conveniente refletir um pouco mais sobre essa questão da atenção – que tanto pode ser a responsável pela felicidade quanto pela ruína de uma vida.

Os termos sânscritos mais utilizados para dizer 'atenção' derivam do verbo *dhā*, que significa 'colocar' (neste caso, 'colocar a mente'): *praṇidhānam*; *avadhānam* ou *avadhi*; e *samādhānam* ou *samādhi*. Estes termos, no entanto, não são exatamente sinônimos entre si. A palavra *praṇidhānam* – usada por Patañjali na expressão *'Īśvarapraṇidhānam'* ('*entrega ao Īśvara*') – designa a atenção que está voltada para dentro, vinculada fortemente ao foco do sujeito. A palavra *avadhānam* expressa a atenção mais comum, que tem seu foco prioritariamente no objeto percebido pela mente. Mas a atenção que interessa ao yogui é o *samādhi*, aquela atenção que não se apoia na mente, mas apenas conecta os dois focos opostos para os quais ela aponta, o foco do objeto e o do sujeito. Nesse caso o papel da mente é exclusivamente o de assegurar que a percepção seja pura, isolada de quaisquer interferências externas ou internas, firmemente ancorada no presente. Para ser alçada ao estado de atenção correspondente ao samādhi do Yoga, a mente precisa eliminar de seu espaço interno quaisquer memórias, hábitos ou desejos que possam alimentar algum tipo de dependência em relação ao mundo externo.

A mente se comporta, às vezes, como uma criança a brincar, levada por sua curiosidade para lá e para cá. A curiosidade (*kutūhalam*) é fruto do desejo e produz uma atenção pouco confiável, porque resulta em agitação na mente. A atenção criada pela curiosidade, pelo mero desejo de conhecer, nem sequer chega a ser assunto na literatura da meditação. Tal como a criança, a mente saltitante e curiosa precisa ser gentilmente conduzida para uma condição de tranquilidade, na qual possa encontrar sua natureza autêntica, sua vocação, e adotá-la como referência para seu comportamento. Como a criança, a mente precisa ser educada, ou reeducada, para que se torne uma ferramenta útil para o si-mesmo. A educação da mente é, essencialmente, uma educação da atenção.

A atenção é a capacidade da mente de conduzir para o olhar do Puruṣa a imagem representativa de um determinado objeto, mantendo essa imagem ali pelo tempo necessário para que o Puruṣa atribua ao objeto uma significação espontânea. A intensidade da atenção pode ser medida pelo tempo ao longo do qual a mente é capaz de manter a representação visível (*dṛśyam*) do objeto disponível para o olhar (*dṛśi*) do si-mesmo. Ou pode ser medida pela clareza da significação obtida para o objeto. A intensidade máxima da atenção só é obtida quando a mente se coloca em estado meditativo.

O estado meditativo da mente é aquele estado de coerência interna no qual a dhāraṇā fixa a mente no espaço interno de maneira sustentável, dhyānam produz um fluxo de cognição que permite que seja construída uma experiência, e a atenção intensa, estável e confortante do samādhi produz felicidade (*ānanda*). A chave para alcançar e manter o estado meditativo é conectar-se apenas com a significação do objeto e não com o objeto em si, que deixa de existir para a mente. Conectar-se com a significação é encontrar o entendimento pessoal e subjetivo acerca do objeto da cognição. Quando o si-mesmo ilumina o objeto com a luz do entendimento, a atenção se estabiliza com naturalidade e de maneira sustentável.

Obter o controle sobre a atenção é uma prioridade que precisa ser resolvida pelo meditador. A mente desatenta, ainda que esteja plenamente consciente, é incapaz de assentar-se e entregar suas informações ao Puruṣa. Em consequência disso, as informações deixam de receber significações e não surge o entendimento necessário para que elas se tornem proveitosas. O resultado da falta de entendimento é a confusão. O entendimento só existe no Puruṣa, e a confusão, em manas. A Sāṁkhya Kārikā utiliza a expressão 'instabilidade em manas' (*mano'navasthānam*) para designar a condição da mente desatenta. A atenção tem muito a ver com os dois focos da mente, mas o seu ponto chave é o entendimento. O comentário de Gauḍapāda sobre essa expressão diz:

> *"Aquele que tem a mente (cittam) sem foco (vyagra) não entende, mesmo que a história seja bem narrada."* [174]

A instabilidade em *manas* deixa *cittam* sem foco e sem entendimento, porque o papel de manas é fazer uma conexão estável de cittam com cada um dos dois focos da cognição. A estabilidade é obtida quando o ciclo de processamento das informações na mente acompanha o ciclo respiratório do Puruṣa. A inspiração (*apāna*) é o movimento produzido pelo *ahaṁkāra* que caminha na direção do si-mesmo, carregando para dentro as informações a serem oferecidas ao olhar do Puruṣa. A pausa interna (*antaḥkumbhakam*) é o momento em que a mente deve se anular e permitir o desfrute do Puruṣa. Por fim, a expiração (*prāṇa*) é o movimento produzido pela *buddhi* que emana do Puruṣa trazendo para a mente a significação e o entendimento acerca do objeto.

O entendimento é a face visível do Puruṣa dentro de cada indivíduo. Ele é a luz que revela para a mente o caminho da transcendência, que conduz para além dos limites deste mundo. O entendimento é chamado por muitos nomes, em Sânscrito, como *avadhāraṇa* ('certeza'), *cetanā* ('consciência'), *avabodha* ('percepção clara'), *avagama* ('compreensão'), *pratibhā* ('luz'), todos eles relacionados à ideia de esclarecimento que vem do alto, neste caso diretamente do Puruṣa.

---

[174] Sāṁkhya Kārikā Bhāṣya 7

Kṛṣṇa diz, referindo-se ao Puruṣa:

"Ele é também a luz das luzes. Se diz que está além da escuridão. É o conhecimento que deve ser conhecido, presente no coração de todos, acessível através do conhecimento." [175]

A receptividade da mente às significações do Puruṣa pode ser intensificada pelo fortalecimento da atenção. A atenção pode ser passiva ou ativa. Em ambos os casos ela indica a intensidade com a qual se conectam os dois focos da consciência. A atenção passiva é inadequada para a meditação, pois enfraquece a presença do Puruṣa no foco do sujeito. Ela surge quando a mente se deixa levar pelo desejo relacionado a interferências externas, postergando ou refutando os comandos do Puruṣa. Para resumir, a atenção passiva induz a mente a se guiar por intuições impróprias. A atenção ativa trabalha com intencionalidade, *saṁkalpa*, porque ela é fruto da vontade deliberada do indivíduo. Os comandos do Īśvara surgem na mente como inteligência ajustada, *yukta-buddhi*, como uma série de entendimentos que *manas* pode capturar e adotar para iluminar seus pensamentos, ou suas narrativas. Vyāsa diz, no Mahābhāratam:

"Manas deve fazer uma lâmpada (pradīpa) com os sentidos que melhor representem a inteligência (buddhi), assim como é feito, de forma similar, meditativamente, pelos que cultivam indiferença (às coisas do mundo)." [176]

Neste verso fica claro que Vyāsa fala da inteligência que provém do Puruṣa, pertinente à condição sattvam da mente. A luz do verdadeiro entendimento só se acende na mente que conquistou a pureza da condição sattvam. Mas, como saber se a mente alcançou essa condição sattvam? É Kṛṣṇa quem responde, na Gītā:

"Quando em todas as portas deste corpo surge luz, conhecimento, então se pode saber que sattvam está abundante." [177]

No verso acima, 'luz' significa o entendimento que só existe se o meditador cultiva regularmente uma atenção ativa. A luz do entendimento só aparece, também, na mente sáttvica, cuja pureza faz dela um testemunho da presença do Puruṣa. Aparentemente, o exercício da atenção e a pureza sáttvica da mente, ambos produtores de entendimento, têm algum tipo de

---

[175] Bhagavad Gītā 13.18
[176] Mahābhāratam 12.248.12
[177] Bhagavad Gītā 14.11

conexão entre si. Isso é exatamente o que afirma o sábio Vasiṣṭha para o príncipe Rāma:

"A verdadeira aparência (do mundo) surge da mente purificada, tal como (a verdadeira aparência) de uma joia, por se esfregar sua sujeira. Da prática continuada de se manter firme (a atenção) em um (foco), por um longo tempo, vem a purificação da mente (cetas). Livre do atropelo de intenções, surge a luz do entendimento (pratibhā) na mente." [178]

De acordo com o que disse Vasiṣṭha, exercitar continuamente a atenção, fortalecendo-a, produz como resultado a purificação da mente. Mas é preciso que se esteja cultivando uma atenção ativa, pois se o olhar do Puruṣa não estiver presente, as ferramentas da mente ou do corpo não serão suficientes para atribuir qualquer sentido ao objeto. Será um olhar perdido, no qual a mente está apenas divagando sem encontrar qualquer compreensão acerca do objeto ao qual deseja dar a atenção.

Vasiṣṭha deu também uma outra dica importante, ao afirmar que a mente purificada está livre do atropelo de intenções (saṁkalpas), que são elementos que atraem a atenção para desejos que povoam a mente. Em certa medida a atenção é responsável pela criação do apego, pois o desejo não é capaz de se expressar sem que a atenção tenha sido passivamente mobilizada. Aquilo que não desperta a força da atenção nunca chega a existir, de fato, em nosso espaço subjetivo. Se a mente estiver livre de intenções que não sejam condizentes com seu dharma, isto significa que ela está funcionando ajustada àquele único núcleo capaz de conectá-la ao Puruṣa.

Além desse cittam que faz a comunicação com o si-mesmo, nenhum outro núcleo mental do antaḥkaraṇam é capaz de alcançar e manter a condição sattvam na mente. Quando esse único cittam consegue atingir o estado sattvam de forma sustentável, ele se torna um líder para os outros núcleos e passa a ser imitado, espontaneamente, por qualquer 'eu' impessoal que exista dentro da mente. A partir daí se justifica a qualificação do Puruṣa como o 'desfrutador', dentro do corpo.

"Neste corpo, o Puruṣa supremo é chamado de observador (Upadraṣṭā), aquele que autoriza, sustentador, desfrutador, grande soberano (Maheśvara), e supremo si-mesmo (Paramātmā)." [179]

O Puruṣa é, na verdade, o único desfrutador de todas as experiências

---

[178] Yoga Vāsiṣṭha 4.17.20 e 4.17.21
[179] Bhagavad Gītā 13.23

do corpo ou da mente. É razoável acreditar, tendo em vista a Cultura Sânscrita, que ele seja a única fonte da consciência e da atenção. O acesso a esses recursos da vida subjetiva é diretamente proporcional à pureza da mente que alcança a qualidade sattvam, através da qual ela se enche de entendimento, se ilumina. Todo o brilho da mente sattvam tem sua raiz no centro do universo de primeira pessoa, e, sem ele, o Puruṣa seria incapaz de ter qualquer visão deste mundo.

Recapitulando: a atenção é importante, na meditação, porque direciona os dois grandes movimentos da respiração do Puruṣa. A partir da imagem mental do objeto, a inspiração conduz a informação pelo ahaṁkāra diretamente para o Puruṣa. A partir do Puruṣa, a expiração conduz a significação pela buddhi diretamente para o núcleo mental ao qual a atenção está vinculada. O resultado da atenção é uma experiência pessoal e, com ela, a felicidade decorrente do entendimento. Isto funciona bem, desde que os focos estejam ajustados à verdadeira natureza do meditador, e não a seus desejos ou aversões. Só assim a atenção consegue capturar o assunto de maneira imparcial para que seja observado corretamente pelo si-mesmo. Isso é dhyānam, para Patañjali.

A atenção reeducada e ajustada ao si-mesmo nos dá, como recompensa pelo esforço, um bem de valor inestimável: a imortalidade, ou seja, a existência plena e feliz, com a mente identificada ao Puruṣa.

18. A Mente Feliz

Dentro do universo cultural em língua sânscrita, um dos resultados esperados de uma prática correta de meditação é um estado de bem-estar no corpo e na mente, acompanhado de uma sensação suave e agradável de beatitude: *ānanda*. No contexto da meditação, esse sentimento se traduz como uma profunda felicidade espiritual, indicativa de sucesso na tarefa de conectar a mente ao Puruṣa. Na história moderna do Yoga, grandes instrutores carregam a palavra ānanda em seus nomes espirituais: Vivekānanda (*'a felicidade do discernimento'*), Yogānanda (*'a felicidade do yoga'*), Śivānanda (*'a felicidade de Śiva'*), Kuvalayānanda (*'a felicidade do lótus azul'*). É muito grande a importância dada a esse sentimento pelos meditadores, na tradição hindu.

Felicidade é o sentimento que acomete um indivíduo, em resposta a uma significação benigna atribuída por ele mesmo a alguma situação ou objeto de sua atenção. Essa significação tem o poder de dar àquela situação ou objeto uma aparência confortante, agradável ou prazerosa. O resultado de tal significação é o relaxamento do corpo, um sorriso espontâneo, leveza na mente e a convicção de que tudo corre bem. A sensação de felicidade se manifesta diante de qualquer situação à qual a mente atribua aquela significação benigna, ainda que não seja verdadeira.

Para alcançar ānanda, a felicidade verdadeira, é preciso ter o cuidado de abrir bem os olhos da mente para atribuir uma significação verdadeira a todas as situações, objetos e pessoas que apareçam no foco objetivo de nossa consciência. Essa significação é sempre subjetiva, de primeira pessoa, e pode ser equivocada se o meditador estiver afastado de seu foco subjetivo – como quando está com baixa autoestima e procura aceitação social copiando padrões coletivos de comportamento. Mas, se a meditação for praticada corretamente, sem a interferência de desejos ocultos, ela é um caminho rápido e certo para conquistar ānanda.

É rápido, mas não é fácil. Uma parte da literatura moderna tem retratado a meditação como se fosse um processo que se pudesse ligar por algum tempo, e desligar depois, para retornar à rotina de nossa normalidade. Não se fala muito sobre um estado meditativo que se conquista em caráter permanente e estável, sem que haja a necessidade de ligá-lo ou desligá-lo, mas tão somente de reabastecê-lo. Aparentemente não se pensa, hoje, no estado meditativo como uma maneira da mente se colocar em uma atitude gratificante de modo estável e fluido. Raramente encontramos autores como Daniel Goleman que, ao se referir ao estado mental de 'fluxo', em seu livro 'Inteligência Emocional', descreve algo muito similar ao estado meditativo, embora ambientado em uma pista de atletismo:

"Atletas conhecem esse estado de graça como 'a zona', onde se alcança a excelência sem esforço, com o público e os competidores desaparecendo em uma estável e feliz absorção no momento." [180]

Em compensação, na literatura sânscrita sobram exemplos de expressões utilizadas para descrever inequivocamente um estado meditativo sereno e duradouro:

"Se diz que é um sthitadhīmuni (sábio de mente firme) aquele que não tem mais desejos, medos ou raiva." [181]

"Desprovido de desejos, yatacittātmā ('com cittam controlado pelo si-mesmo'), com toda ambição abandonada, ..." [182]

"yuktena manasā ('com a mente ajustada') nós estamos no impulso do deus Savitā pela força para alcançar o Céu." [183]

HYP 2,31 "O samāhita ('aquele que tem a mente calma e atenta') deve olhar para uma marca sutil, com a vista imóvel ..." [184]

Todos esses termos designam o ajustamento da mente ao dharma, apontando para um estado sustentável de atenção, que pode ser alcançado

---

[180] Goleman, Daniel. Emotional Intelligence: Why It Can Matter More Than IQ (p. 90). Random House Publishing Group. Edição do Kindle.

[181] Bhagavad Gītā 2.56

[182] Bhagavad Gītā 4.21

[183] Śvetāśvatara Upaniṣad 2.2

[184] Haṭha Yoga Pradīpikā 2.31

por qualquer criatura. A mente, quando não está agitada, gravita espontaneamente em direção ao estado meditativo, porque ele produz a estabilidade e o conforto que promovem seu relaxamento, e a tornam muito mais feliz e produtiva.

Então, com tantas recompensas ao final da linha, deveria ser fácil encontrar ânimo para a mente buscar esse estado intencionalmente, mas ela é rebelde e resiste. Torna-se necessário fazer um grande esforço de controle sobre a mente até conseguir convencê-la a relaxar e desfrutar do bem-estar resultante do afrouxamento das amarras internas. Para diminuir a dificuldade é preciso procurar um caminho que conduza a mente de forma natural para um estado meditativo.

O ser humano é provavelmente a única espécie do planeta que consegue sobreviver com a mente fora do estado meditativo. Essa anomalia pode ser consequência de uma vantagem evolutiva: a capacidade de dar significação intencional, não espontânea, às informações que são trazidas pelas vias sensoriais. O ser humano possivelmente desenvolveu a capacidade de alterar o significado dessas informações, mais do que as outras espécies. E isso lhe permite criar e compartilhar cultura (*dharma*), dando a ele todas as ferramentas para expressar de forma pessoal a riqueza de sua vida interior, subjetiva. Toda a maravilha de ser humano se deve ao compartilhamento consciente e intencional, por meio da linguagem, de um dharma criado por seu próprio engenho. Uma parcela das transformações (ou *pariṇāma*) que afetam a evolução humana, se devem às trocas culturais, ao intercâmbio de significações. E isso é o mesmo que afastar o Puruṣa do foco do sujeito da cognição.

A capacidade humana de sobreviver com o si-mesmo afastado do foco meditativo traz consigo um outro lado, muito obscuro: ela dá à mente o poder de mentir, não para mimetizar e sobreviver, mas para furtar significações alheias e fingir pensar o que não pensa de fato. A aceitação de sua própria mentira ilude a mente, embotando o discernimento e fazendo-a acreditar na mentira de outros, presa fácil da maldade alheia.

Para escapar dessa armadilha, o meditador deve buscar a verdade para ali construir os alicerces de sua cultura pessoal (*svadharma*). Esse é o lado bom da capacidade humana de atribuir significações intencionais: quando existe o compromisso com a verdade, se alcança o estado meditativo por mérito próprio. Não é a Natureza que impõe à mente um estado meditativo. É a própria meditação, praticada voluntariamente, que habilita o meditador para encontrar sua natureza autêntica. E com isso ele encontra muito mais do que apenas seu lugar na ordem universal: ele encontra a felicidade.

A beatitude, ou seja, a felicidade do meditador, se chama ānanda, em Sânscrito. E todos sabemos que a mente está sempre à procura da felicidade. Agora vamos tentar descobrir o porquê, começando pela referência que nos dá uma obra tântrica sobre o Yoga:

"A felicidade única, inefável, crescente no coração dos yogīśvaras que desfrutam do samādhi atentos ao nāda, o único que a experimenta é o Senhor Guru Nātha." [185]

Aqui não se trata da felicidade mundana, pois Śrī Guru Nātha é apenas um outro nome para Śiva ('o benigno'), aquele si-mesmo que reside no coração de todas as criaturas. Nas upaniṣadas ele é usualmente chamado de Brahma, o si-mesmo interno:

"O si-mesmo interno (antarātmā) é uma pessoa (puruṣa) do tamanho de um polegar, permanentemente assentado no coração dos mortais, conectado com a mente reflexiva do coração. Aqueles que sabem isto, se tornam imortais." [186]

Ānanda é um sentimento que invade a mente quando ela sente a presença do si-mesmo interno (Brahma). Pode ser adotado pelo meditador como um confiável indicador do sucesso de suas práticas. Certamente essa deve ser a razão para tantos yoguis adotarem ānanda como parte de seu nome espiritual. E não é apenas nos nomes dos yoguis que essa palavra aparece com algum destaque. Vamos caminhando para conhecer um pouco mais as nuances de seus significados.

A popularidade do Vedānta no Ocidente tornou bastante conhecida a expressão 'saccidānanda', formada pela união de três palavras: *sat* ('existência'), *cit* ('consciência') e *ānanda* ('felicidade'). Há dois significados distintos para essa expressão, o primeiro dos quais foi adotado por instrutores ligados ao Vedānta. De acordo com a interpretação deles, as três palavras designam os três principais atributos de Brahma. Com essa interpretação, se dá o mesmo peso e a mesma categoria para cada uma das três palavras, que se unem em pé de igualdade para dizer que os atributos de Brahma são *'existência, consciência e felicidade'*.

---

[185] Haṭha Yoga Pradīpikā 4.81
[186] Śvetāśvatara upaniṣad 3.13

Mas há uma segunda leitura, que aparece na literatura védica, e que parece combinar melhor com a tradição do Yoga. De acordo com ela, as três palavras têm pesos distintos, e um destaque maior é dado para a palavra ānanda, em relação à qual as outras duas ganham um caráter adjetivo. Na Tejobindu Upaniṣad encontramos uma boa referência, para ilustrar a segunda interpretação. No terceiro capítulo se descreve uma conversa de Śiva com seu filho Kumāra, que pergunta:

"Me fale sobre a experiência do si-mesmo." [187]

Kumāra quer saber como Śiva, que é o si-mesmo, vive a sua própria existência, no mundo. Śiva responde a seu filho com uma série de frases curtas, entre as quais destacamos estas duas:

"Eu sou a forma da felicidade suprema (parānanda) da existência (sat). Eu sou a forma da felicidade suprema da consciência (cit)." [188]

E, ao final, Śiva conclui:

"Eu sou a eterna, desperta, pura e única felicidade da existência e da consciência (saccidānanda)." [189]

Esses trechos foram escritos de uma maneira que parece sugerir uma posição adjetiva de *sat* e *cit*, como qualificativos para *ānanda*. Nesse texto, a *felicidade* (ānanda) é a forma pela qual a *existência* (sat) e a *consciência* (cit) são experimentados pelo meditador. Sat e cit podem ser considerados mais do que meros atributos de Brahma. São sinônimos de Brahma. Isso é o mesmo que dizer que a expressão saccidānanda é um equivalente perfeito de brahmānanda – a felicidade de Brahma.

Brahmānanda é o nome da segunda parte da Taittirīya Upaniṣad, que trata da busca do verdadeiro si-mesmo, entre os vários que habitam dentro de nós. Primeiro ela trata do annamayātmā, o si-mesmo do corpo, feito de alimento. Depois ela fala sobre o prāṇamayātmā, o si-mesmo feito de movimento. Fala também sobre o si-mesmo feito de razão, o manomayātmā, e depois trata do si-mesmo feito de conhecimentos, o vijñānamayātmā. E afinal chega ao ānandamayātmā – o si-mesmo feito de felicidade, por meio do qual o meditador alcança seu objetivo.

Por ānandamayātmā, buscando a felicidade de brahma, o meditador

---

[187] Tejobindu Upaniṣad 3.1
[188] Tejobindu Upaniṣad 3.8
[189] Tejobindu Upaniṣad 3.11

abandona o domínio do medo (de ser ele mesmo) e alcança o verdadeiro si-mesmo, longe de qualquer tipo de opressão e longe da dualidade da mente. Este é o sentido de saccidānanda nas upaniṣadas – a felicidade (beatitude) que conduz à consciência verdadeira, oriunda do ente que habita o nosso coração, que pode ser alcançada somente através da meditação.

Quando a felicidade de Brahma se manifesta, ela se manifesta como um dos saṁprajñātas (indicadores da presença do samādhi) mencionados por Patañjali naquele sūtra que diz:

"O saṁprajñāta ganha forma a partir de vitarka, vicāra, ānanda e asmitā." [190]

O comentário de Vyāsa a esse sūtra deixa claro que a felicidade é um dos possíveis modos de se experimentar o samādhi:

"vitarka é a experiência (ābhoga, desfrute) da mente no suporte grosseiro (o corpo), vicāra é (a experiência) sutil, ānanda é alegria, asmitā é a consciência unificada (ekātmikā saṁvid). Destes, o primeiro da série de quatro é o samādhi com experiência corporal (savitarka), o segundo é desprovido de experiência corporal (mas) com experiência subjetiva (sutil), o terceiro é desprovido de experiência subjetiva, mas com felicidade, o quarto é desprovido do "outro" (tad vikala), é a pura egoidade (asmitāmātra). Estes todos são os samādhis com apoio." [191]

Isto significa que sentir ānanda indica para o meditador que ele está próximo do samādhi correto, aquele que Vyāsa diz que é apropriado para a realização do Yoga. A felicidade, além de sinalizar a presença do samādhi na mente, torna muito mais agradável o caminho para empreender a meditação. E, mais importante ainda, existe a possibilidade de conduzir a mente ao samādhi seguindo pelo caminho reverso, a partir de um estado de felicidade verdadeira. Então é preciso descobrir como produzir ānanda.

Ānanda não é a felicidade vulgar, produzida por causas externas, de terceira pessoa. Ānanda é a felicidade existencial vivida em primeira pessoa, que surge de forma espontânea sempre que se experimenta a sensação de que tudo está exatamente do jeito que deveria estar. É a felicidade de viver com autenticidade, fazendo aquilo que gosta, de seu próprio jeito, com liberdade. Quando se é tomado por um sentimento de gratidão,

---

190 Yoga Sūtras 1.17
191 Yoga Sūtra Bhāṣya 1.17

mesmo sem saber a quem agradecer ou por que agradecer, a mente é inundada pela força da felicidade.

Ānanda é o sentimento que nasce também quando fruímos ou produzimos arte – a mais democrática porta para a felicidade. Arte é o exercício da mais livre expressão do si-mesmo, razão pela qual mobiliza forças psíquicas de caráter libertador. Por isso a arte tem um perfil terapêutico, capaz de elevar a autoestima e fortalecer o senso de independência e de inconformidade do artista. O Puruṣa experimenta felicidade cada vez que consegue perceber sua própria expressão ecoando na atividade da mente. A arte é a linguagem do Puruṣa – o puro fluir do sentido e da significação espontânea – uma linguagem que fala por si mesma, sem admitir qualquer tradução.

Fruir da arte torna a mente feliz. A felicidade faz a mente se tornar mais transparente e mais sintonizada com o coração, resultando em sabedoria. A mente sábia remove de seu espaço interno todos os obstáculos à expressão do Puruṣa, fica mais focada e ganha profundidade espiritual.

19. O Tempo na Meditação

Há duas formas habituais de se abordar a questão do tempo, na meditação. A primeira delas observa o tempo de uma maneira muito simples, como a medida da extensão da meditação. A outra forma de estudar o tempo na meditação o vê dentro do mecanismo da percepção, como um componente indispensável ao processo de captura de informações. A percepção sensorial do mundo objetivo só se processa quando os órgãos de percepção capturam sucessivas mudanças de aparência, de estado ou de movimento no objeto. Encarado dessa segunda maneira, o tempo passa a ser uma condição importante para a manifestação da consciência.

A duração ideal de uma meditação é o tempo que for necessário para se revelar a presença do Puruṣa na mente. Para o meditador não importa se a meditação dura apenas uma fração de segundo ou uma eternidade. Se a meditação for correta, o tempo não conta. Uma meditação não precisa ser medida pelo tempo de sua duração, mas sim pela profundidade que ela alcança ou pela atenção que ela mobiliza. O tempo ao longo do qual ela puder sustentar a atenção em seu objeto de forma confortável, esse será o tempo ideal para a meditação.

No entanto, a duração de uma meditação às vezes impressiona até mesmo pesquisadores experientes. Daniel Goleman e Richard Davidson usam a expressão *'meditadores de nível olímpico'* [192] para descrever pessoas que meditam seis horas por dia ou mais. Essa é, na verdade, uma avaliação que não faz muito sentido pois não é possível avaliar uma meditação apenas por sua duração. Precisam entrar nessa conta também a qualidade do

---

[192] Goleman, Daniel. The Science of Meditation: How to Change Your Brain, Mind and Body (p. 4). Penguin Books Ltd. Edição do Kindle.

estado meditativo e a felicidade interna que se conquista. Quando o meditador está com a mente ajustada (*yuktena manasā*), sua meditação pode durar para sempre, confortavelmente.

O tempo é retratado pela literatura sânscrita de um modo um pouco mais rico, como um ente mítico. O tempo, em Sânscrito, é chamado kāla, cuja origem costuma ser traçada a partir de um substantivo homônimo kāla ('negro'), que o relaciona à destruição pelo fogo do deus Rudra. Sua etimologia, no entanto, informa que kāla é uma palavra derivada da raiz verbal kal, que significa 'calcular'. De fato, é notável a relação do tempo com os cálculos astrológicos que determinam os momentos propícios ou desfavoráveis para manifestar os *puruṣārthas* – as significações do Puruṣa.

A Cultura Sânscrita mostra um grande respeito à Astrologia, com cujas ferramentas é possível determinar o *janmakāla*, o momento exato do nascimento, quando o dharma é impresso no corpo tornando-se ativo para aquele indivíduo. A Astrologia também enxerga uma dinâmica de eventualidades que se abrem ao longo do tempo de vida (*Āyus*) oferecendo uma série de ocasiões favoráveis para a expressão do Puruṣa. E o alcance desses cálculos se esgota na imprevisibilidade do momento da morte (*antakāla, mṛtyukāla*) que encerra a longa sequência de oportunidades de aprendizado e ação para o *svarūpam*, o dharma corporificado do meditador.

A relação do tempo com a duração da vida e com o dharma individual se revela adicionalmente pelo fato do deus Yama, que governa a morte, ser chamado também de Dharma ou Dharmarāja. Duração e sujeição ao dharma são características típicas da Natureza material, de onde se pode concluir que o tempo só afeta as qualidades materiais, e não tem qualquer efeito sobre o Puruṣa. Diz a Kaṭha Upaniṣad, 1,2,18, referindo-se ao ātmā:

"(O si-mesmo) não nasce nem morre. Este sábio não tem origem nem se torna alguma coisa. Este não-nascido, eterno, constante, primordial, não é morto quando morre o corpo".

Note que o si-mesmo foi definido nesse verso pela negação de sua temporalidade. Se a meditação é um exercício do si-mesmo, que não é tocado pelo tempo, praticado pela mente, que está sujeita às transformações no tempo, como pode o tempo se converter em mais uma ferramenta para o meditador? A mente precisa de mudanças, de objetos em movimento e transformação, sem os quais ela se mostra incapaz para perceber o presente. Mas o si-mesmo (Puruṣa) não se modifica. Ele está no imutável universo de primeira pessoa, fora do alcance das atividades da mente. Como o tempo contribui para que se dê a integração da mente ao Puruṣa, no contexto de uma meditação?

Quando a mente quer perceber o Puruṣa, ela foca em coisas que se transformam, buscando nelas apenas o sentido da transformação, e não o objeto que se transforma. A mente procura os indícios do Puruṣa colocando sua atenção no significado da transformação, e assim mergulha no tempo narrativo, ela própria capturada por uma narrativa. Desde as profundezas desse tempo narrativo, do 'era uma vez...', se elevam significações de natureza mítica, indícios da presença do Puruṣa. No tempo mítico não há passado nem futuro, mas apenas o presente eternizado pelo fluir da narrativa, que coloca a mente na posição de testemunha virtual dos eventos narrados. Narrativas míticas têm o mágico poder de tornar a mente indiferente ao tempo.

A indiferença ao tempo conduz a mente se fixar no momento presente, fortalecendo seu vínculo com o si-mesmo. Mas estar atento às oportunidades de transformação ou de ação condizentes com sua própria natureza faz a luz do Īśvara iluminar a mente, por meio do dharma, sem que isso implique na necessidade de a mente abandonar sua ligação com o passado ou o futuro. É o bastante estar afinado com o dharma e expurgar o falso da memória para que pensamentos benignos povoem a mente educada do meditador.

Ao longo do quarto capítulo dos Yoga Sūtras, Patañjali ensina que, na mente deseducada, as memórias determinam o passado e os hábitos determinam o futuro. Pensamentos comuns (vāsanās), que resultam das memórias e dos hábitos, se sucedem na mente, produzidos pelo próprio trajeto que percorrem, interligando continuamente o passado e o futuro. Esses movimentos internos da mente transitando pelas linhas do tempo, embora sejam naturais, trazem um prejuízo considerável para o meditador. São produzidos pelo apego ao que foi experimentado em um momento passado ou às expectativas que ele nutre sobre o futuro. Mas passado e futuro não são o momento de expressão do eu. O si-mesmo atua no momento presente porque este é o único momento que existe, e o si-mesmo é a única presença real neste momento. Todo o resto são percepções brutas ressignificadas pela mente que se tornam presenças artificiais no cenário subjetivo da mente. O presente é o tempo do eu. Sua posição, sem qualquer dúvida, é no cenário do universo de primeira pessoa, onde a mente enxerga o si-mesmo.

Futuro e passado, por definição, contêm tudo o que não está presente e que, por essa razão, só pode ser referido pela voz de terceira pessoa. São tempos que só existem no foco do objeto. E assim como o outro não deve ser referência para as decisões do si-mesmo, passado e futuro não devem ser referência para a percepção do presente. São referência apenas para a mente construir o cenário fantasmagórico no qual o si-mesmo desfruta de sua personalidade. É preciso libertar-se de toda dependência em relação a passado e futuro, pois isso remove equivocadamente o foco meditativo do momento presente, imobilizando a vontade e prejudicando a meditação

Deve-se remover o passado do foco meditativo. Isso se alcança através do desapego ao que já passou, tendo em mente que o sujeito não é definido por aquilo que realizou no passado. O sujeito é apenas o si-mesmo, só encontrado no presente, e o sujeito do passado é inexistente como o próprio passado, que se resume apenas a uma narrativa. A realização presente deve estar ancorada na natureza autêntica do meditador, e não em seu currículo ou biografia. O passado, seja bom ou ruim, serve apenas como uma fonte de reflexões, no foco do objeto.

O futuro também deve sair do foco meditativo, pois a mente não pode se apoiar sobre incertezas difusas. É preciso fazer do futuro uma outra fonte de reflexões no foco objetivo, que ajude a pavimentar o caminho a ser trilhado como um presente inesperado e não como um projeto construído pela razão. Só assim, desapegado do passado e do futuro, o meditador se habilita para viver o si-mesmo com plenitude.

O tempo delimita o poder das vāsanās, mas não limita o poder libertador de dhyānam, que destrói as perturbações das atividades da mente. Por meio de dhyānam, cessam as atividades mentais perturbadas e a mente fica pronta para receber as intuições do Puruṣa. Como só é possível perceber o Puruṣa vivencialmente, no momento presente, esse é o único momento disponível para quem deseja ter sucesso na meditação. No yoga, a meditação não está atenta às coisas que se transformam, mas à transformação em si. A meditação busca apoio naquele 'eu' maior que, apesar de ser imutável, é a única causa real das mudanças. As transformações atribuídas ao tempo, que caracterizam a sua marcha ininterrupta, afetam apenas as qualidades materiais transitórias – os guṇas. As transformações não afetam o imperecível e imutável Puruṣa, que não é limitado pelo tempo, mas é o 'eu' e o 'guru' interno presente no coração de cada criatura.

No primeiro capítulo dos Yoga Sūtras, Patañjali diz:

"O Īśvara é um Puruṣa especial (...), é também o guru dos antigos por

não ser limitado pelo tempo.” [193]

O tempo mítico é o que converte a narrativa em uma porta de acesso ao universo do Puruṣa, fazendo das palavras a cola que prende a atenção da mente no tempo presente. O tempo narrativo dos mitos é um tempo indeterminado que, por escapar tanto dos limites da assertivas históricas quanto das especulações futurológicas, acaba por se assentar confortavelmente sobre a perenidade do presente.

Mas será que o presente é, de fato, perene? Qual é a duração real do presente? Esta pergunta merece uma breve reflexão. Ponha sua atenção no presente e tente descobrir em que momento acontece a transição do presente para o passado. Se você está no presente, a quantos segundos atrás começou a ser passado? E avalie também quanto tempo adiante de agora fica o futuro.

Se você pensar bem, chegará à conclusão de que nenhum tempo separa o presente do passado, ou o presente do futuro. Passado e futuro se estendem, em direções opostas da linha do tempo, exatamente a partir de agora, nem um instante a mais ou a menos. O presente é tão somente a fronteira entre o antes e o depois de agora. Não tem duração alguma – a rigor, não existe. Mas o presente é a única parte do tempo acessível para a consciência, é tudo o que se consegue capturar do tempo de primeira pessoa, onde as significações do Puruṣa se alojam e se convertem nos alicerces míticos da mente. O presente não existe, mas está sempre aí, disponível, indestrutível, eterno, vivo. Em contraposição ao presente, passado e futuro abraçam tudo o que é perecível, e guardam todos os limites da vida, entre os quais o mistério da morte – o ponto final do discurso.

Na Bhagavad Gītā, o capítulo 11 chama-se 'A Visão de Viśvarūpa (a forma universal)'. Nesse capítulo Kṛṣṇa revela para Arjuna sua verdadeira aparência, como a forma universal. Em uma certa altura Arjuna, assustado, compara a face de Viśvarūpa ao fogo devorador do tempo (*kālānala*). Kṛṣṇa, que se apresenta como o si-mesmo indestrutível, seria a origem do tempo? A Gītā afirma que sim. Pode parecer paradoxal, pois o tempo é o fundamento das transformações materiais e a matéria prima da mortalidade, mas é o próprio Kṛṣṇa que se apresenta dessa maneira:

“Das unidades de medida sou kāla (o tempo).” [194] *“Eu sou o tempo que*

---

193 Yoga Sūtras 1.24 e 1.26
194 Bhagavad Gītā 10.30

produz a destruição dos mundos." [195] *"Eu sou, de fato, o tempo intermi-nável."* [196]

Kṛṣṇa representa o si-mesmo que dá fundamento à existência e à imortalidade, mas também se identifica ao tempo que determina a duração e a destruição das criaturas. Ele diz ainda, na Gītā:

"Eu sou o si-mesmo assentado no coração de todas as criaturas (...) Eu sou o início, o meio e o fim das criaturas." [197]

O início (*ādi*) é o momento do nascimento, o meio (*madhyam*) é a du-ração da vida (sempre no presente), e o fim (*anta*) é o momento da morte. Mais uma referência ao tempo ligado ao ātmā. Certamente é o tempo da primeira pessoa, o presente do si-mesmo, que se contrapõe ao passado e ao futuro. O si-mesmo, abrigado no eterno presente destrói, com seu fogo o mundo perecível construído pela mente. Ao final só ele mesmo existe. Só ele está além da morte. Só ele é o meditador.

Diz a Kaṭha Upaniṣad:

"Uma pessoa (Puruṣa) do tamanho de um polegar está no meio do si-mesmo, Senhor do passado (bhūtam) e do futuro (bhavyam), nada se oculta dele. Este é, certamente, ele.

"Uma pessoa do tamanho de um polegar, como uma luz sem fumaça, Senhor do passado e do futuro, só ele existe, hoje. Só ele amanhã, por certo. Este é, certamente, ele." [198]

---

195 Bhagavad Gītā 10.32
196 Bhagavad Gītā 10.33
197 Bhagavad Gītā 10.20
198 Kaṭha Upaniṣad 2.1.12 e 2.1.13

20. Uttamapuruṣa e o Poder

Por tudo o que foi visto até aqui, pode-se dizer que uma vida meditativa se constrói com a mente governada pela qualidade sattvam, e se vive somente na perspectiva de primeira pessoa. É fácil entender a razão pela qual a Cultura Sânscrita chama a primeira pessoa verbal de *'pessoa suprema'*, Uttamapuruṣa. Quanto mais tempo permanecemos na condição de primeira pessoa, mais felizes nos tornamos e mais meditativa se torna nossa mente. Mas, o que significa 'viver a vida em primeira pessoa'?

É relativamente fácil viver em primeira pessoa, quando são seguidas as quatro recomendações abaixo:

A primeira recomendação é estacionar no presente. Passado e futuro são referências úteis para um programa de trabalho, mas são limitantes quando se lida com um projeto de vida. Pergunte-se, por exemplo, 'o que desejo fazer agora?' ou 'qual o sentido deste momento, para mim?' Mas não deixe a mente construir uma resposta. Ignore o discurso interno da mente e apenas procure ver o que aparece diante de você, como resposta a essas perguntas. Fique atento e observe, sem interferir, o pensamento que se levanta movido pela sua intuição, para a sua visão interna. Não pense uma resposta, apenas viva a sua intuição.

A segunda recomendação para se viver a vida em primeira pessoa é procurar o lado bom de cada situação, notando as qualidades que o outro tem. Esta é uma atitude que qualquer um gostaria de poder enxergar no comportamento dos outros. Todo mundo quer ser visto com 'bons olhos', embora use os olhos imaginativos da mente para aumentar ou diminuir qualidades ou defeitos dos outros e das situações que envolvem os outros. Note que não se trata de fechar os olhos para o que é ruim, e furtar-se à realidade, mas sim, olhar sempre com os olhos bem abertos. Sem se deixar envolver passivamente com aquilo que se vê, é possível ver as coisas do jeito que elas são, de verdade. Sem isso, a meditação não acontece em sua plenitude.

A terceira recomendação é desapegar-se de tudo aquilo que não diz respeito à sua própria natureza. É muito comum assumir compromissos e empreender ações de forma inapropriada, gerando conflitos com a sua natureza pessoal. Iniciativas assim são motivadas pelo apego a bens, pessoas, opiniões e valores pertinentes às vidas dos outros. É imprescindível libertar a mente do apego aos valores alheios. Por isso o desapego e a disciplina são apresentados por Patañjali como condições indispensáveis para uma boa meditação.

A quarta recomendação para viver em primeira pessoa é relaxar e desfrutar da própria vida, com contentamento. Relaxar a mente e o corpo faz muito bem, porque enquanto a mente está tensa ela está também impedida de se ajustar adequadamente ao Puruṣa. Toda tensão tem origem na mente, defensivamente, fruto do medo ou das dúvidas em relação às tomadas de decisão, ou em relação às reações de outras pessoas. Estar vivo é uma experiência que pode ser desfrutada com muito mais intensidade se as tensões puderem ser eliminadas. Uma vida relaxada envolve pausas no trabalho, processamento completo do estresse, conclusão de tarefas assumidas (eliminação de pendências), e contentamento – qualquer que seja o resultado obtido.

Atento a essas quatro recomendações, o meditador certamente ajudará sua mente a ficar mais leve e estará apto para desfrutar sua vida em primeira pessoa. Mas não basta saber o que deve ser feito. Uma recomendação adicional deve ser tomada em consideração: *faça tudo o que for apropriado e que dependa de você para ser feito*. Esta recomendação exige a mobilização da vontade, que é a voz interna de comando do Puruṣa, dentro da mente. Mas se a mente não estiver purificada das interferências externas, a vontade do Puruṣa pode ser obscurecida por um desejo que encontre qualquer justificativa para se interpor na linha de comando. O conhecimento da vontade do Puruṣa é o que de mais importante pode ser conhecido, mas ainda assim a mente movida pelo desejo pode ser arrastada para longe dele. O desejo é o grande inimigo do Uttamapuruṣa, o desfrutador. Diz Kṛṣṇa para Arjuna, explicando o desejo:

> *O conhecimento é obscurecido por este permanente inimigo do conhecedor, que tem a forma do desejo, ó Kaunteya, e é um fogo insaciável. Se diz que sua morada são os sentidos, a mente e a inteligência perceptiva. Por meio deles, tendo obscurecido o conhecimento, ele ilude a alma.*" [199]

---

[199] Bhagavad Gītā 3.39 e 3.40

O desejo afeta apenas a mente, afastando-a da condição sattvam, que é necessária para que a meditação seja bem-sucedida. Essa é a principal razão pela qual o meditador precisa livrar sua mente dos efeitos nocivos do desejo. Mas a mente, que constrói a teia de conexão entre o eu e o mundo objetivo, também é o alicerce da consciência. O desejo distorce a imagem mental do mundo trazendo impurezas, conteúdos impróprios, para dentro do espaço interno da mente. Para acabar com o desejo e resgatar a pureza da mente é preciso mergulhar em um estado similar ao da inconsciência, suspendendo temporariamente a soberania da mente sobre os órgãos sensoriais e os órgãos de ação. A inconsciência é um abismo assustador para a mente, que precisa de estímulos sensoriais, informações, para experimentar a sensação confortante de sua importância e de sua própria existência.

Apesar de dar vertigens à mente, a inconsciência é o caminho natural que conduz ao Puruṣa. Por isso é recomendável ao meditador estabelecer uma base firme nos domínios do inconsciente, para o assentamento do eu do coração (*Prājña*), pois ele é o ator que representa o papel do Puruṣa dentro de um indivíduo. Sua tarefa é a de servir como veículo que dá voz para a intuição (*prajñā*) que emana diretamente do Puruṣa. Se o meditador assume esse eu do coração como sua própria identidade, o desejo perde sustentação e desaparece. Daí a importância de a mente passar pela morte simbólica (através da inconsciência) para conquistar a imortalidade, despertando o poder de *vīrya*, o destemor interno do herói (*vīra*).

A condição da mente heroica é similar à condição da mente de uma criança, maravilhada com o mundo ao seu redor. Essa condição pode ser alcançada se forem descartadas conscientemente todas as significações que a mente já associou aos objetos ao seu redor até que o ambiente todo se mostre como uma massa indistinta de estímulos não identificados. Isso é similar ao que acontece, por exemplo, durante uma leitura sonolenta, na qual o olhar percorre as palavras de um texto sem que elas, embora identificadas, cheguem a formar qualquer sentido na mente. Depois de alcançar esse estado relaxante, permite-se intencionalmente que a mente receba o fluxo de significações intuitivas do si-mesmo, de modo que o ambiente ganhe significações não pensadas, mas intuídas pela mente.

Esse mesmo resultado se torna possível também por meio do sono, o caminho natural da mente para se encontrar com a inconsciência, nos domínios do eu do coração. O exercício de ajustar a mente ao estado de sono profundo, no qual o desejo perde o sentido e desaparece, se chama *nidrāyoga* ou *yoganidrā*. Esse ajuste ao estado de sono oferece uma grande ajuda para o meditador, pois fortalece sua autoconfiança e dá sustentabilidade (*dhāraṇam*) à meditação. Como personagem mítica, a deusa *Yoganidrā*, chamada às vezes de *Yogamāyā*, também se manifesta na forma da intuição fruída pelo si-mesmo no sono profundo da inconsciência. A mente é incapaz de registrar a experiência da Yoganidrā, que só é fruída com proveito pelo si-mesmo. Essa deusa personifica o sono de Brahma na dissolução do universo, um estado em que só existe o si-mesmo. Para alcançar seus benefícios é necessário, de acordo com a Haṭha Yoga Pradīpikā, fazer a caminhada interna, a khecarī mudrā:

> *"Deve-se praticar a khecarī tanto quanto seja necessário para alcançar a condição de yoganidrā. Nunca é a hora (final) para quem alcançou a yoganidrā."* [200]

A palavra *khecarī* é a forma feminina de *khecara*, um adjetivo para dizer 'voador' ou 'que se move no espaço'. Compõe-se a partir de duas palavras: *'khe'* (flexão locativa de *'kham'* – 'espaço') e *'cara'* ('caminhando'). Kham é o espaço interno da mente, constituído inteiramente por pensamentos narrativos, de natureza mítica. Quando a atenção do Puruṣa caminha por esse espaço mítico subjetivo, isolando-se das interferências do mundo natural, a mente alcança a condição da yoganidrā. Nessa hora os princípios (*tattvāni*) formadores de cittam (*buddhi, ahaṁkāra* e *manas*), purificados, se fundem com a verdadeira natureza do meditador (seu *svadharma*), de modo transparente. Então a mente se ilumina com o entendimento que vem do si-mesmo, o Puruṣa. Diz Vasiṣṭha ao príncipe Rāma:

> *"Os componentes puros de cittam se encontram uns com os outros. Águas da mesma natureza fluem unificadas, mas não as poluídas. A pureza de cittam traz, de fato, a capacidade para iluminar (com a luz do entendimento) uma percepção subjetiva (abhūta). Rapidamente se produz uma unificação de aparência em razão da pureza (da mente). Por causa do (entendimento) que foi despertado, se vai à integração suprema (com o Puruṣa) por meio do ajustamento dos tanmātras."* [201]

Os *tanmātras* são aqueles componentes da Natureza que demarcam os limites daquilo que é possível conhecer no universo. Eles atuam sobre o funcionamento dos órgãos de ação e de percepção, regulando a capacidade

---

[200] Haṭha Yoga Pradīpikā 4.49
[201] Yoga Vāsiṣṭha 4.17.30 e 4.17.31

de ação e de cognição de cada criatura. Quando eles são ajustados ao entendimento do Puruṣa, as capacidades da mente se ampliam e seu alcance se expande para abarcar até mesmo o conhecimento inconsciente. A imagem poética das águas puras, que se fundem na correnteza, revela como os sábios antigos tentaram resolver o maior mistério que paira sobre o funcionamento da mente: aquele mecanismo que faz a troca de informações entre duas perspectivas aparentemente incompatíveis entre si, a do si-mesmo (de primeira pessoa) e a da mente (de terceira pessoa).

A explicação que aparece naquele verso faz uso de uma analogia do movimento das informações que transitam na mente, que é equiparado ao movimento das correntes de água. Águas puras que se movem juntas e águas impuras que não se misturam. *"Os componentes puros de cittam se encontram"* como águas da mesma pureza, que *"fluem unificadas"*. Os componentes de cittam são *buddhi*, *ahaṁkāra* e *manas*, que somente podem ser considerados puros quando um filtro (*'pavitram'*), que é o si-mesmo[202], removeu suas impurezas – que são as interferências externas relacionadas ao poder do desejo sobre a mente. Cabe lembrar, aqui, que o fluir das águas de um rio (nadī) é uma imagem usada na tradição hindu para descrever o movimento do prāṇa pelos canais tubulares chamados nāḍīs, que vão à mente como os rios que deságuam no mar. A fina malha constituída por esses condutos tubulares, portanto, faz parte da estrutura do corpo sutil ou subjetivo, ou seja, da mente.

De acordo com o imaginário tradicional, as impurezas da mente se depositam em determinados pontos dessa rede tubular, tal como o fazem também as impurezas que são lançadas aos rios. Acumulam-se e se tornam obstáculos ao livre trânsito das informações na mente. Com isso fica prejudicada a inteligência pessoal, que transita pela rede tubular, na forma do prāṇa. Com essas obstruções, a luz do entendimento do Puruṣa se oculta, encoberta pelas impurezas. Patañjali afirma que as impurezas são removidas por meio da prática de prāṇāyāma. Diz ele:

"Então (a partir do prāṇāyāma) é destruído o ocultamento da luz (do Puruṣa)." [203]

Essa frase faz parte do trecho no qual Patañjali explica o prāṇāyāma. A luz a que ele se refere é o entendimento, principal fonte dos poderes da

---

[202] Veja Bhagavad Gītā 9.17 – *"... eu sou o purificador (pavitram)..."*
[203] Yoga Sūtras 2.52

mente. Vyāsa, em seu comentário a esse sūtra, cita, sem revelar a autoria, uma frase esclarecedora:

"(...) Assim se diz: não há tapas superior ao prāṇāyāma. Dele provém a purificação das impurezas e a luz do conhecimento." [204]

O tapas, apesar de ser lembrado frequentemente por cenas de mortificações ou de sofrimento auto infligido, está associado, na literatura do yoga a atos subjetivos de purificação da mente. Daí se considerar o prāṇāyāma como uma forma do tapas, ou seja, um rito de remoção de impurezas. A mesma opinião está expressa na literatura dos Nāthas, produzida alguns séculos depois da época de Vyāsa. Veja, por exemplo o que diz a Haṭha Yoga Pradīpikā em seu capítulo sobre o prāṇāyāma:

"Somente por meio dos prāṇāyāmas são removidas todas as impurezas. Nenhum dos ācāryas, porém, aprova qualquer outra ação (destinada à purificação)." [205]

Como já dissemos antes, no capítulo 13, o prāṇāyāma é o controle sobre o movimento das significações e sua aplicação às informações trazidas para o espaço subjetivo da mente, a partir do mundo externo. Se essas informações forem corretamente filtradas, isto é, ajustadas ao si-mesmo, todo o conhecimento que surgir delas será verdadeiro, de acordo com a teoria da meditação hindu. Surgida da escuridão profunda da inconsciência, a luz do entendimento revela apenas a verdade. Diz um brāhmane, no Mahābhāratam:

"Brahma é a verdade, o tapas é a verdade, e o Criador (Prajāpati) é somente a verdade. Da verdade são produzidas as criaturas. A verdade é o mundo real." [206]

A inclusão do tapas nesse verso do épico revela a importância que os atos de purificação conquistaram na tradição sânscrita da meditação. A declaração de que *"o tapas é a verdade"* é um testemunho de que a purificação resulta do voto de lealdade à verdade. A citação trazida por Vyāsa, segundo a qual *"não há tapas superior ao prāṇāyāma"*, aponta para a crença de que a purificação acontece como consequência do livre movimento da respiração do Puruṣa no corpo sutil do meditador. Quando a mente se liberta do falso, das impurezas, ela se torna, em certa medida, igual ao Puruṣa.

---

[204] Yoga Sūtra Bhāṣya 2.52
[205] Haṭha Yoga Pradīpikā 2.37
[206] Mahābhāratam 14.35.34

Libertada pelo compromisso assumido com a verdade, a mente passa a desfrutar de um estado de permanente contentamento e felicidade.

Já falamos, no capítulo 18, sobre o poder da felicidade por meio do qual a mente deixa de ser um obstáculo para o samādhi e passa a ser um caminho direto que leva até ele. Há muitos outros poderes que surgem quando se pratica a meditação. Vários deles são mencionados no terceiro capítulo dos Yoga Sūtras a partir da frase 3,16. São habilidades e conhecimentos que elevam o yogui a um patamar superior de recursos para viver sua vida. O capítulo dos Sūtras que trata desse assunto se chama Vibhūti Pāda – o Capítulo do Poder, onde Patañjali usa repetidamente a seguinte fórmula:

Realizar a meditação (saṁyama) em certos objetos produz como resultado a capacidade de obter determinados tipos de *conhecimento*. E a meditação focada em alguns outros objetos produz como resultado a manifestação de habilidades para realizar *ações extraordinárias*. Os poderes ali descritos, na forma de capacidades para obter conhecimentos ou realizar ações, mostram coerência com as postulações teóricas da filosofia Sāṁkhya. Conhecimento extraordinário é o que se obtém com a ajuda dos órgãos de percepção (*buddhīndriyāṇi*) hipersensibilizados pela prática da meditação, e ação extraordinária é aquela que se faz com a ajuda dos órgãos de ação (*karmendriyāṇi*) sensibilizados pela meditação.

Cabe aqui uma advertência. O único desfrutador desses poderes é o Puruṣa, a pessoalidade do si-mesmo. Isso quer dizer que eles devem servir aos propósitos do Puruṣa, e não da mente – que é apenas um instrumento para o Puruṣa.

O Puruṣa ou Brahma também é o si-mesmo, a fonte a partir da qual surgem todos os poderes relacionados à nossa relação com a Natureza material. Pelo ponto de vista das upaniṣadas, esses poderes, que capacitam a pessoa para realizar ações ou para obter conhecimentos, podem ser reduzidos a dois grandes atributos femininos de Brahma. Nas upaniṣadas, cada um desses atributos se apresenta como uma força (śakti) especializada na dinamização de parte das atividades da mente. *Kriyāśakti* mobiliza as atividades da mente ligadas aos cinco órgãos de ação, e *jñānaśakti* ou *dhīśakti* mobiliza as atividades da mente ligadas aos cinco órgãos de percepção. No entanto, nenhuma força é atribuída a Brahma que esteja ligada às atividades da mente relacionadas a manas, o 'décimo-primeiro órgão' do corpo subjetivo. Manas ocupa posição de comando sobre todos os demais órgãos e deveria estar provido de uma força correspondente ao seu status de Īśvara. Essa força parece estar ausente, ou simplesmente não é mencionada com um nome próprio, nas upaniṣadas mais antigas.

Há textos de Yoga, como o Yoga Vāsiṣṭha de Vālmīki, que talvez tentem contemplar esse conceito com a denominação de 'saṁkalpa' (imaginação ou intenção). Mas saṁkalpa é uma atividade criadora da mente, e não exatamente uma força. A característica dessa força que procuramos é a mesma de manas: conectar e desconectar objetos e conceitos. Corresponde mais precisamente ao par 'desejo-aversão', que aparece algumas vezes no épico Mahābhāratam, na forma *'icchā-dveṣa'*. O mesmo par aparece nos Sūtras do Yoga entre as perturbações da mente, como *rāga-dveṣa*[207]. A palavra *'icchā'*, usada várias vezes no épico, significa tanto 'vontade' quanto 'desejo' e pode ser usada para designar a força de Brahma ligada a manas. Deriva da raiz verbal *'iṣ'* ('querer'), a partir da qual também se constrói o termo 'Īśvara' ('senhor' ou 'comandante').

Aquela força que falta nas upaniṣadas, relacionada ao poder de manas, poderia ser designada pela palavra *icchāśakti* que, de fato, aparece na literatura do yoga. O uso de *'icchāśakti'* formando um trio com as expressões *jñānaśakti* e *kriyāśakti* é atestado pela literatura tântrica da Cachemira. Aparece na forma composta *'icchā-jñāna-kriyā-śakti'* no Tantrāloka (5.55-56) de Abhinavagupta, filósofo śaivista da segunda metade do século X. Aparece também, desta vez no formato *'icchāśakti'*, no comentário Tantrāloka Viveka (5.91) de Rājānaka Jayaratha, poeta da Cachemira, no século XII. Parece, então, que *icchāśakti* é a palavra certa para designar a força de Brahma ligada ao princípio manas.

O uso correto dessa força liberta a mente e permite que a meditação se viabilize e as perturbações sejam removidas de seu campo de atuação. Por isso é muito importante cultivar a vontade, que é a face benigna do desejo. Esse poder da vontade, uma dádiva do Uttamapuruṣa, a primeira pessoa, surge apenas quando a mente, livre de quaisquer interferências externas, orienta todas as suas atividades pela verdade, apenas.

---

[207] Yoga Sūtras 2.7 e 2.8

सत्यमेव जयते

'Somente a verdade vence'

(Muṇḍaka Upaniṣad 3.1.6)

Bibliografia

BARBOSA, Carlos E.G.. *Os Yoga Sutras de Patanjali* [tradução e comentários]. São Paulo: Mantra, 2015.

BARBOSA, Carlos E.G.. *Bhagavad Gītā* [tradução e comentários]. São Paulo: Mantra, 2018.

CHALMERS, David J.. *The Character of Consciousness* (Philosophy of Mind). Oxford University Press. Edição do Kindle.

CHALMERS, David J.. *The Conscious Mind* (Philosophy of Mind). Oxford University Press. Edição do Kindle.

DAMASIO, Antonio. *Self Comes to Mind.* 2010. New York, Knopf Doubleday Publishing Group. Edição do Kindle.

DENNETT, Daniel C. *Consciousness Explained.* 2017, New York, Little, Brown and Company, Kindle Edition.

GOLEMAN, Daniel. *Emotional Intelligence*: Why It Can Matter More Than IQ. Random House Publishing Group. Edição do Kindle.

GOLEMAN, Daniel. *The Science of Meditation*: How to Change Your Brain, Mind and Body. Penguin Books Ltd. Edição do Kindle.

KANT, Immanuel . *Critique of Pure Reason (Annotated)* . Edição do Kindle.

KIM, Jaegwon. *Philosophy of Mind.* Taylor and Francis. Edição do Kindle.

KUVALAYANANDA, Swami. *Pranayama.* São Paulo: Phorte, 2008.

PAZ, Octavio. *The Bow and the Lyre* (Texas Pan American Series). Austin: University of Texas Press. Edição do Kindle.

ROGERS, Carl R.. *On Becoming a Person.* Little, Brown Book Group. Edição do Kindle.

SAUSSURE, Ferdinand de. *Cours de Linguistique Générale* [annoté] (French Edition). Philaubooks. Edição do Kindle.

VIVEKANANDA, Swami. *Complete Works of Swami Vivekananda*, volume 1, "Raja Yoga". Edição do Kindle.

Fontes dos textos originais em Sânscrito

Bhagavad Gītā – *Srīmad Bhagavad Gītā Bhāṣya of Sri Saṁkarācārya*. Madras. Sri Ramakrishna Math. 2008.

– Inclui: Bhagavad Gītā Bhāṣya

Haṭha Yoga Pradīpikā – *The Haṭhayogapradīpikā*. Delhi. Chaukhamba Sanskrit Pratishthan. 2003.

Mahābhāratam

– Edição crítica BORI – *The Mahābhārata*. Poona. Bhandarkar Oriental Research Institute (BORI). 1959.

– Edição Parimal – *Mahābhārata*. Delhi. Parimal Publications. 2018.

Ṛg Veda - *Ṛgveda Saṁhitā*. Delhi. Chaukhamba Sanskrit Pratishthan.

Sarva Darśana Saṁgraha – *Sarvadarśanasaṁgraha*. Mumbai. Prācya vidyā Saṁśodhana Mandira. 1924. [*Essa obra é geralmente atribuída a Mādhavācārya Vidyāraṇya, mas na edição da qual tiramos a referência a autoria foi atribuída ao irmão mais famoso de Vidyāraṇya, chamado Sāyaṇa Mādhavācārya. O fato é que os dois escreveram algumas obras juntos, e essa foi uma delas.*]

Sāṁkhya Kārikā – *The Sāṁkhya-Kārikā*. Poona. Oriental Book Agency. 1933.

– Inclui: Sāṁkhya Kārikā Bhāṣya

Siddha Siddhānta Paddhati – *Siddhasiddhāntapaddhati*. Lonavla. The Lonavla Yoga Institute (India). 2016.

Tantrāloka – *The Tantrāloka of Abhinava Gupta* (with commentary by Rājānaka Jayaratha. Allahabad. The Research Department Jammu & Kashmir State. 1918.

– Inclui: Tantrāloka Viveka

Upaniṣadas – *112 Upaniṣads*. Delhi. Parimal Publications. 2006.

– Inclui: Aitareya Upaniṣad, Brahma Bindu Upaniṣad, Bṛhadāraṇyaka

Upaniṣad, Chāndogya Upaniṣad, Īśāvāsya Upaniṣad, Kaivalya Upaniṣad, Kaṭha Upaniṣad, Kauṣītaki Brāhmaṇopaniṣad, Maitreyyupaniṣad, Māṇḍūkya Upaniṣad, Muṇḍaka Upaniṣad, Praśna Upaniṣad, Śvetāśvatara Upaniṣad, Taittirīya Upaniṣad, Tejobindu Upaniṣad.

Yoga Sūtras – *Yogasūtrabhāṣyavivaraṇa of Śaṅkara.* New Delhi. Munshiram Manoharlal Publishers. 2010.

– Inclui: Yoga Sūtra Bhāṣya e Yoga Sūtra Bhāṣya Vivaraṇa.

Yoga Vāsiṣṭha – *The Yoga Vāsiṣṭha of Vālmīki.* Delhi. Parimal Publications. 2005.

Índice remissivo

O Autor

Carlos Eduardo Gonzales Barbosa

Instrutor de Cultura Sânscrita do Yoga

Brasileiro, reside em Florianópolis, SC.

Iniciou estudos sobre as culturas da Índia em 1972. Estudou Sânscrito na Universidade de São Paulo (1979-1982). Dá aulas de língua e cultura sânscritas desde 1982, com foco no Yoga. Ministrou aulas no curso de formação de professores do Centro de Estudos de Yoga Narayana (São Paulo) por 28 anos. Coautor de "O Livro de Ouro do Yoga" (Ediouro, São Paulo, 2007). Autor de "A Meditação dos Yoguis" (Traço, São Paulo, 2011). Tradutor dos Yoga Sutras de Patanjali (Mantra, São Paulo, 2015). Tradutor da Bhagavad Gita (Mantra, São Paulo, 2018). Tradutor da "Kaṭha Upaniṣad" (Yogaforum, Florianópolis, 2022).

No momento dedica-se à difusão dos Fundamentos Textuais Sânscritos do Yoga através de cursos a distância e livros. Ministra aulas a distância no curso de formação de instrutores de Yoga da IYTA-Brasil (International Yoga Teachers Association). É editor do site Sanskritforum.org, em que mantém cursos a distância, nos temas de sua especialidade.